MARION GRILLPARZER

FATBURNER-SMOOTHIES

DIE GU-QUALITÄTSGARANTIE

Wir möchten Ihnen mit den Informationen und Anregungen in diesem Buch das Leben erleichtern und Sie inspirieren, Neues auszuprobieren. Bei jedem unserer Produkte achten wir auf Aktualität und stellen höchste Ansprüche an Inhalt, Optik und Ausstattung.

Alle Informationen werden von unseren Autoren und unserer Fachredaktion sorgfältig ausgewählt und mehrfach geprüft. Deshalb bieten wir Ihnen eine 100 %ige Qualitätsgarantie.

Darauf können Sie sich verlassen:
Wir legen Wert darauf, dass unsere Gesundheits- und Lebenshilfebücher ganzheitlichen Rat geben. Wir garantieren, dass:
- alle Übungen und Anleitungen in der Praxis geprüft und
- unsere Autoren echte Experten mit langjähriger Erfahrung sind.

Wir möchten für Sie immer besser werden:
Sollten wir mit diesem Buch Ihre Erwartungen nicht erfüllen, lassen Sie es uns bitte wissen! Wir tauschen Ihr Buch jederzeit gegen ein gleichwertiges zum gleichen oder ähnlichen Thema um. Nehmen Sie einfach Kontakt zu unserem Leserservice auf. Die Kontaktdaten unseres Leserservice finden Sie am Ende dieses Buches.

GRÄFE UND UNZER VERLAG. *Der erste Ratgeberverlag – seit 1722.*

KGS

THEORIE

Ein Wort vorab 5

SMOOTHISTEN-KNOW-HOW 7

Schlankmedizin auf Knopfdruck 8
Fünf Minuten für ein neues Leben 9
Wissen, tun, spüren, verändern –
nur so geht's 9
Ein Versprechen: Fatburner-Smoothie 10
Der softe Trend aus den USA 11
Das Leben, der Smoothie
und der erste Schritt 13
Die beste Smoothiezeit 13
Der Abnehmklassiker 15
Mehr Energie durch Mito-Medizin 16
Was den Smoothie zum
Fatburner kürt 18
Achtung, keine Fatburner:
die richtig Süßen 21
Sterne-Smoothies 22

Warum wir Fatburner brauchen 24
Fatburner statt Fettsparmaßnahmen 25
Der GLYX-Shot 26
Die Evolution und unser
Energierucksack 28
Wie uns das Bauchfett dick und
dicker macht 29
Wie sich der Smoothie an den
Bauch macht 32
Das braune Fettgewebe 33

PRAXIS

EIN SMOOTHIE, DREI ABNEHMWEGE 35

Abnehmen übers Immunsystem 36
Entzündungen durch oxidativen Stress 37
Omega-3-Fettsäuren und die
Phytomedizin 38
Wie sich der Smoothie an
Entzündungen macht 40

Ein smoothiegesunder Darm hält schlank 42
Unsere Darmflora … 43
Rohes Ei & Kaffeeasche 44
Smoothiedünger für den Darm 46

Big Five – die kommen in den Mixer 66

Immer das Beste 67

Stars im Smoothie: Früchte 68

Aber bitte mit Kern! 71

Smoothiebasis: Gemüse 72

Fermentiertes Gemüse 73

Grüne Blätter 74

Alges leckere Kräutersorbets 77

So süßen Smoothisten … 79

… und so würzen sie 81

Der richtige Smoothiesprit 82

Vitalstoffextras: Die kleinen Zusatz-Zaubermittel 87

Leckere Blüten 91

Smoothies für mehr Energie 94

Smoothies für ein top Immunsystem 100

Smoothies für den Darm 108

Smoothies für die Satt-Hormone 116

Wecksignal für Satt-Hormone 48

Stress aus, Leptin an! 49

Blutzucker runter, Leptin rauf! 50

Bitte bitter! 51

Weniger Stress, mehr Glück mit Tryptophan 53

Was tut der Smoothie für den Leptinreset? 54

JETZT GEHT'S RUND 57

Smooth, vital und schlank leben 58

Echte Smoothisten leben so 59

Die Küche des Smoothisten 60

So holt man das Maximum aus den Rezepten 61

Ein Dutzend Mixtricks 63

Schlankprogramm für Eilige: Die Leptinreset-Woche 64

Gute Aussichten 65

SERVICE

Bücher, die weiterhelfen 122

Infos online 123

Sach- und Rezeptregister 124

Zu bestellen 126

Impressum 127

MARION GRILLPARZER

ist Ernährungswissenschaftlerin
und Bestsellerautorin

» DIE WICHTIGSTEN
DINGE DES LEBENS
SPIELEN SICH
ZWISCHEN ANFANG
UND ENDE DES
VERDAUUNGS-
KANALS AB. «

PARACELSUS

EIN WORT VORAB

Als ich vor 15 Jahren mein erstes Buch »Fatburner« schrieb, war das auch die Geburtsstunde des ersten Fatburner-Smoothies. Nur: Damals gab es den Begriff »Smoothie« noch nicht. Da tranken die Amerikaner noch Milkshakes oder Cola light. Weil dieser sanfte, cremige Begriff nicht zu meinem Repertoire gehörte, nannte ich den Beeren-Grapefruit-Leinöl-Hefeflocken-Joghurt-Drink etwas hölzern »Zellschutz-Cocktail«. So durfte er Karriere machen. Er wirbelt seither fröhlich durch Millionen von Mixern. Und ließ Billionen von Fettzellen vor Schreck schrumpfen. Erst kürzlich kürte ihn das Hochglanzmagazin Elle zum »wirksamsten Fatburner-Smoothie der Welt«. Für dieses Buch bekam er viele kleine leckere, ebenso wirkungsvolle, gesunde Nachfolger.

Eine schöne Geschichte – oder? Sie zeigt: Fatburner & Smoothies gehören zusammen wie Hänsel & Gretel. Und beide ergeben täglich neu interpretiert ein leckeres Ganzes, das morgens die Weichen für den Tag stellt. Der Smoothie stellt den Stoffwechsel auf Fettverbrennung um. Er weckt das Kind in uns – das uns fröhlicher, fitter, aktiver, zufriedener, dynamischer durch den Tag hüpfen lässt. Und noch mehr tut ein echter Fatburner-Smoothie: die Darmbakterien auf schlank trimmen, die Gehirnzellen auf munter, die Immunzellen auf aktiv ... Fazit: Es gibt viele Wege zu einer schlanken Figur, der einfachste, der effektivste führt direkt über den Mixer. Probieren Sie die leckeren Rezepte von Martina Kittler und von Haubenkoch Christian Algner aus. Mutieren Sie dann selbst zum kreativen Smoothisten.

Guten Appetit!

Herzlichst, Ihre

SMOOTHISTEN-KNOW-HOW

GESUND ABNEHMEN? NO CARB, NO FAT? NÖ. WEGLASSEN FÜHRT NICHT ZUM ZIEL. ES GIBT LEBENSMITTEL, DIE MACHEN UNS DADURCH SCHLANK, DASS WIR SIE ESSEN. UND DIE GEBEN WIR IN DEN SMOOTHIE. DER NAME STEHT FÜR: SCHNELL, SIMPEL, SUPERGESUND.

Schlankmedizin auf Knopfdruck 8
Warum wir Fatburner brauchen 24

SCHLANKMEDIZIN AUF KNOPFDRUCK

Der Boskoop aus der Obstschale wandert aufs Holzbrett, vierteln, Stiel- und Blütenansatz entfernen. Boskoopviertel in den Mixer werfen. Blaubeeren im Schälchen kurz abspülen, ab zum Apfel. Da liegt noch eine halbe Limone, ebenfalls rein in den Mixer. Zwei Löffel Chiasamen-Gel hinzugeben, dazu drei Kakaobohnen. Einen dicken Chicorée grob schneiden und mit einer Handvoll Minzeblätter den Mixer auffüllen. Das Ganze mit einem viertel Liter kaltem grünem Tee aufgießen. Hmm, mit was süße ich das jetzt? Mir ist nämlich heute ausnahmsweise mal nach süß zumute … Okay, zwei Datteln fliegen in den Mixer. Knopf drücken. Schrrroommmm. Schalter hochfahren. Schriiiiiiiiiiiiiiiiiiinnn. So lange Sie brauchen, um diesen Text zu lesen, so lange dauert es, das Leben zu verändern. In Richtung mehr Energie, schlank, fit und gesund.

Fünf Minuten für ein neues Leben

Warum ist es eigentlich so schwer, dauerhaft abzunehmen? Aus drei Gründen: Weil man meist keine Ahnung hat, was für die Pfunde wirklich verantwortlich ist. Weil immer alles schnell-schnell gehen soll. Weil der Ausweg simpel sein muss, damit man ihn auch tatsächlich nutzt. Punkt.

Wenn ich nun erzähle, es ist wirklich einfach abzunehmen, so richtig einfach – dann … glaubt mir das keiner. Muss man auch nicht. Man darf schön skeptisch bleiben und sollte es selbst einfach mal ausprobieren. Es ist ganz simpel. Und kostet nur fünf Minuten. Wer morgens mit einem Fatburner-Smoothie startet, ändert den Stoffwechsel, ändert den Tag, ändert das ganze Leben – und nimmt ab. Ganz von alleine.

Wissen, tun, spüren, verändern – nur so geht's

Was unserer Linie nicht guttut, was unserer Gesundheit schadet, sind Gewohnheiten. Falsche Gewohnheiten führen nämlich immer zu Mangelzuständen. Mangel an Nährstoffen, Mangel an Bewegung, Mangel an Erfahrungen, an Lebensfreude. Diese Gewohnheiten lassen wir uns ungern nehmen. Es stresst uns nämlich ungemein, wenn wir raus müssen aus unserer Komfortzone. Gewohntes Terrain verlassen. Schrecklich! Darum sollte man dem Körper, der Seele in kleinen Schritten etwas Nettes anbieten, im vorsichtigen Tausch gegen lieb gewonnene Gewohnheiten.

Am Anfang steht das Wort

Und dieses Wort heißt »Wissen«. Wer weiß, ist auch bereit zu tun. Und wer tut, der spürt etwas. Wenn das, was er da spürt, guttut, dann verändert er auch etwas in seinem Leben. Das ist eine der wenigen brauchbaren Weisheiten, die ich auf der Uni gelernt habe. Durch meine Diplomarbeit »Medienwirkungsforschung im Gesundheitsbereich«. Wissen. Tun. Spüren. Verändern. Nur so geht es. Freilich muss das Spüren dann auch mit Begeisterung verbunden sein. Fehlt diese, keine Chance! Ohne echte Begeisterung macht das Gehirn weder beim Lernen noch beim Veränderung-Akzeptieren mit. Darum wandert der Koriander besser nicht zum Giersch in den ersten grünen Smoothie. Sondern lieber ein bisschen Minze zur Erdbeere. Der erste muss schmecken.

Verlust- und Gewinnrechnung

Auch Verbote macht das Hirn nicht mit. Ein Verlust kann nicht toleriert werden. Darum hält man eine Diät ohne Pasta, ohne Schokolade, ohne Kekse, sprich ohne Kohlenhydrate nicht lange durch. Dafür aber ist unser Hirn selbstverständlich bereit, einen Gewinn zu akzeptieren: Die Figur strafft sich, die Haut ist zarter, man fühlt sich wohler.

Hinzu kommt: Der Einsatz, der zu diesem Gewinn führt, muss okay sein. Darum war ich Zeit meines Lebens auf der Suche nach Gesundheitsrezepten, die einfach sind. Die sofort guttun. Und darum bin ich vor 15 Jahren auf den ersten Smoothie gekommen. Der sollte mit dem morgendlichen Marmeladenbrot brechen, mit der Cornflakes-Schüssel, mit dem Schokomüsli. Mit dem typisch deutschen Frühstück, das schon morgens den Fettverbrennungsschalter auf »Aus« kippt.

Ein Versprechen: Fatburner-Smoothie

Egal ob sich weißer Tee, Erdbeeren, Feldsalat oder Kokoswasser, Pfirsich, Minze, ob sich Ingwer, Gurke, Joghurt oder Apfel, Sauerkraut und Limette im Mixer drehen, der Fatburner-Smoothie ist immer ein Versprechen fürs Leben: »Ich halte dich jung, schlank und gesund.« Denn Fatburner bedeutet: »Ich lade dich mit Energie auf und rege die Fettverbrennung an.« Das funktioniert auf unterschiedlichste Art und Weise.

Turbo in den Energiestoffwechsel

Der Smoothie kurbelt den Stoffwechsel an, sodass mehr Kalorien verbrannt werden. Er hat selbstverständlich einen niedrigen GLYX. Dieser glykämische Index besagt, wie viel vom Blutzuckerhormon Insulin ein Lebensmittel lockt, das Heißhunger macht und die Fettverbrennung stoppt. Ein niedriger GLYX lockt wenig Insulin hervor und hält also schlank. Mehr dazu ab Seite 18. Noch mehr in meinem Buch »Simple GLYX«. Der Fatburner-Smoothie vermag zudem, unsere mitochondriale Energie zu erhöhen. Also die Energie, die in unseren kleinen Kernkraftwerken, den Mitochondrien, erzeugt wird. Das heißt, wir bewegen uns auch mehr, weil wir einfach mehr Lust darauf haben. Die dadurch vermehrte Muskelmasse verbrennt mehr Fett. Wir mutieren zur Fettverbrennungsmaschine. Und dafür entwickelt der Fatburner-Smoothie ganz besondere Kräfte. Er kann nämlich das sogenannte braune Fettgewebe aktivieren. Es produziert dann mehr Wärme als bisher ▸ siehe Seite 33.

INFO

DICKES GESCHÄFT

Smoothies füllen die Supermarktregale. Teuer sind sie und leider nie auch nur annähernd das, was aus dem Mixer kommt. Wenige Tage Lagerung reichen, und die Vitamine sind weg. Zucker sorgt hier für Haltbarkeit und Geschmack. Es steht zwar Himbeere drauf, aber zu 80 Prozent sind billiger Orangen-, Apfel- und Traubensaft drin. Oder jede Menge Bananenpüree. Also: Lieber selbst mixen!

Das bedeutet: Kalorien verpuffen als Wärme über der Haut. Thermogenese sagt der Wissenschaftler dazu.

Und ganz wichtig ist: Der Smoothie verändert unsere Darmpopulation dahingehend, dass sich die uns schlank haltenden Bakterien vermehren, die Bacteroidetes.

Der Morgensmoothie macht uns also über mehrere Biomechanismen schlank.

Der softe Trend aus den USA

»Smoothie« bedeutet: weich, soft, cremig – einfach lecker. Diese zarte Konsistenz lieben wir. Klein und Groß. Gut so, denn so ein Smoothie ist oft die einzige wirklich wirkungsvolle Chance, Gesundheit ins Leben zu bringen. Und zwar in Form von Obst und Gemüse: 60 000 Wirkstoffe, lebenswichtige Ballaststoffe, bunte Aromenvielfalt. Das Ganze ist als Smoothie supergesund, weil roh und so fein zerkleinert, dass es die Körperzellen besonders gut aufnehmen. Hinzu kommt: Der glykämische Index, eben der GLYX, bleibt durch die Ballaststoffe niedrig. Das lockt weniger vom Heißhunger- und Fettspeicherhormon Insulin hervor.

Die grüne Revolution

Die Idee, nix verkommen zu lassen und alles mitzumixen, sogar die heilkräftigen Kerne, stammt aus den USA. Die Idee, Obst mit Zucker und Eis im Mixer zu zerkleinern, erscheint eher langweilig verglichen mit der revolutionären Erfindung der grünen Smoothies. Die in den USA lebende Russin Victoria Boutenko, mit 36 schon herzkrank, suchte nach alternativen Heilmethoden für sich und ihre Familie. Sie verglich die Ernährung des Durchschnittsamerikaners mit der seines Vorfahren – des Schimpansen. Da wir zu 99 Prozent über die gleichen Gene verfügen, er aber viel mehr grüne Blätter isst, versuchte sie, dies »artgerecht« in ihr Leben einzubauen – und scheiterte erst mal appetitlos an immensen Salatschüsseln. 2004 kam ihr dann die großartige Idee, grüne Blätter mit Früchten und Wasser in den Mixer zu geben. Und so an die grüne Medizin und den Energiespender mit Namen Chlorophyll zu kommen. Der erste grüne Smoothie kreiste in einem amerikanischen Mixer – und begann seinen Siegeszug rund um die Welt. Ein Smoothie muss aber nicht immer grün sein. Auch Limette, Pfirsich, Chiasamen, Kokosflocken und Schwedenmilch geben einen gesunden Fatburner. Und schnell geht's allemal.

Das einzigartige Fastfood

Nichts liefert so schnell eine solche Vielfalt an lebenswichtigen Nährstoffen, die unser Hirn ebenso fit machen wie unsere Muskeln, die Haut, das Herz, den Darm, das Immunsystem … Der Fatburner-Smoothie ist das einzige Fastfood, das die Fettzellen dazu bringt, die Nase zu rümpfen. Und wir setzen ihnen den Drink schon morgens vor. Ab

Der ideale Wegbegleiter: Ein To-go-Smoothie hält vom Bäcker fern.

und zu kann ein weiterer Fatburner auch Mittag- oder Abendessen ersetzen. Immer in Kombi mit Eiweiß. Dazu später mehr.

Was gut ist, kommt in den Mixer

Wir smoothen also einheimisches Obst und Gemüse mit Schale und Kernen, exotische Früchte und wildes Kraut. Wir peppen auf mit Superfoods wie Kakaobohnen, Kokos, Chia, Moringa … und auch mal mit Kaffeekohle. Wir süßen mit Banane, Erdmandeln, Agavendicksaft, Akazienhonig, Vollrohrzucker, Kokosblütenzucker … und wer es braucht, der nimmt noch ein bisschen Stevia. Als »Sprit« erfreuen unseren Gaumen Wasser, Tees, grüner Kaffee, Kokoswasser,

Mandelmilch, Fermentiertes wie Joghurt, Schwedenmilch, Ziegenmilch, Kefir, Sauerkrautsaft, Enzymgetränke.

Smoothies sind …

… äußerst vielfältig. Ein Smoothie kann viele Gesichter haben. Das simpelste: Obst, Blätter, Wasser. Das leckerste: gefrorene Beeren, Joghurt, Minzeblätter aufgemixt zum Draußen-hat's-30-Grad-Frozen-Liebling. Der Smoothie à la India: Lassi, Obst oder Gemüse, Kräuter, Gewürze und Joghurt. Der Joghurt lässt sich auch gegen andere fermentierte Flüssigkeiten auswechseln. Der Fatburner-Smoothie versorgt uns auch mit essenziellen Fettsäuren aus Nüssen, Samen und ihren Ölen. Wie im kleinsten Smoothie der Welt, dem GLYX-Shot. Den finden Sie auf Seite 26.

Unsere Smoothies …

… regen die Fettverbrennung an, sind immer glyxlich – und schalten morgens genossen nicht gleich auf den Kohlenhydrat-Stoffwechsel um. Der eine düngt mit Sauerkraut den Darm, der andere feit mit Brokkoli vor Entzündungen, der dritte schützt mit Ingwer vor Stoffwechselstress. Es gibt viele Wege zu einem schlanken, gesunden Körper. Darum lohnt es sich, die Smoothies täglich zu wechseln – natürlich auch, weil jeder anders lecker schmeckt. Na ja, den Lieblingssmoothie kann man sich natürlich auch öfters machen.

Das Leben, der Smoothie und der erste Schritt

Warum trinken Menschen Unkraut mit Früchten zu einem echt giftig aussehenden moosigen Hulk-Drink püriert? Freiwillig? Jeden Tag? Weil sie etwas spüren. Mehr Energie haben. Mehr Zufriedenheit. Mehr Freude. Weil Zipperlein verschwinden. Und: Weil sie nicht mehr suchen müssen. Der Körper, die Seele, der Kopf, satt und zufrieden. Man braucht auf einmal die Tüte Chips nicht mehr, die Kekse, den Riegel, die Pizza … Weil der Körper hat, was er braucht. Das funktioniert mit grünen Smoothies ebenso wie mit dem morgendlichen Zellschutzcocktail aus Beeren, Leinöl und Joghurt. Alles drin. Und das fühlt man.

Das Schönste daran ist: In dem Moment, wenn ein gutes Gefühl mitschwingt, brauchen wir unseren kritischen Katastrophenverstand nicht mehr, um etwas im Leben zu ändern. Das geht dann nämlich ganz von selbst. So richtig schön gedankenlos. Ausprobieren, fühlen, tun, verändern.

Wie jede Reise beginnt auch diese mit dem ersten Schritt. Wenn Sie diesen ersten Schritt tun und sich morgens einen Smoothie machen, dann essen Sie mittags kein Junkfood. Oder Sie tun es einmal – und dann nie wieder. Warum? Weil Sie spüren, dass der erste Schritt der richtige war. Der in die richtige Richtung. Und in die gehen Sie dann einfach weiter.

Die beste Smoothiezeit

Also: Starten Sie den Tag mit einem Fatburner-Smoothie. Er füllt den Magen und jede Körperzelle. Und er macht die Seele zufrieden. Sie haben keinen Hunger mehr. Der gefüllte Magen signalisiert dem Sättigungszentrum im Gehirn: »Genug zum (Über-)Leben!« Vor allem weil im Smoothie auch Vitalstoffe parken. Er liefert damit viel Stoff, nur wenig Kalorien und viele ganz und gar natürliche Sattmacher.

Übrigens, endlich sagen das auch (andere) Experten: Das Kaiserfrühstück gehört der Vergangenheit an. Der, in der man hart auf dem Feld gearbeitet hat. Heute geht alles leichter und unbeschwerter – vor allem mit dem Smoothen.

TIPP

IDEAL ZUM MORGENSPORT

Wer sich gleich in der Früh bewegt, trainiert seine Fettverbrennung und züchtet sich mehr Enzyme. Und: Bis zu 45 Minuten nach dem Sport wird Eiweiß, auch das aus dem Smoothie, dreimal so gut in den Muskel eingebaut. Das macht Sie heute zum besseren Fettverbrenner von morgen. Trinken Sie Ihren Smoothie also kurz vor dem Sport oder gleich danach.

Wie geht's dann weiter über den Tag?

Über die Biochemie verändert der morgendliche Fatburner-Smoothie die Bedürfnisse unseres Körpers – und der überstimmt dann den Kopf. Er weckt die somatische Intelligenz. Man hat Lust auf Dinge, die einem nicht mehr die Energie rauben – sondern fit und fröhlich machen. Das zweite Frühstück braucht man nicht, weil der Blutzucker nicht Achterbahn fährt.

Wer Lust auf einen Snack hat, will irgendwann keine Schoko- oder Plätzchen-Kohlenhydrate mehr, sondern isst ein paar Nüsse oder genießt einen To-go-Smoothie aus der Thermoskanne. Mittags will man nicht länger Jägerschnitzel mit Spätzle oder Pommes, sondern der Körper fordert: »natürlich leicht«. Salat, Fisch, Tofu, Käse – viel Gemüse, leichte Soßen, insgesamt weniger Kohlenhydrate. Und abends? Der Kopf fragt:

TIPP

FATBURNER-WOCHE

Wer den Heißhunger besonders schnell loswerden und seine Fettverbrennungsenzyme noch hurtiger aufwecken will, kann mit den Smoothies auch mal eine komplette Fatburner-Woche einlegen, wie sie ab Seite 64 beschrieben ist.

»Wollen wir heute Pizza zum ›Tatort‹?« Aber der Körper sagt spätestens nach zwei Selbstversuchen dieser Art: »Nö. Fühl mich nicht wohl, lass uns mal Fischsuppe oder Tofu-Wok probieren.«

Wer keine Zeit zum Kochen hat, dem ersetzt ein Smoothie mitunter auch mal eine weitere Mahlzeit. Allerdings nur mit einer Extraportion Eiweiß. Das kann man als kohlenhydratarmes, hochwertiges Eiweißpulver ohne Zusatzstoffe oder als veganes Erbseneiweißpulver reinmischen oder als Aminosäurepressling (Tabletten mit den acht lebenswichtigen Eiweißbausteinen ▸ siehe Seite 126) dazunehmen. Oder ein Stück Fisch, Tofu oder Mozzarella vorweg genießen.

Mal GLYX-Shot, mal Sorbet

Ein Smoothie taugt mitunter auch als Aperitif. Leicht bitter, anregend, die Verdauung fördernd, den Insulinspiegel senkend. Etwa der geheimnisvolle GLYX-Shot, wie ihn der junge österreichische Haubenkoch Christian Algner nennt. Sie finden ihn auf Seite 26. Als supertrendiges Kräutersorbet hat er sogar seinen Platz im Sieben-Gänge-Menü. Diese Rezepte des Haubenkochs stehen auf Seite 77. Und: Enthält der Fatburner nicht mehr als 10 Carbs (die Angabe KH für Kohlenhydrate steht jeweils bei den Rezepten), dann wirkt er wie NoCarb, lässt also das Fettspeicher- und Heißhungerhormon Insulin ruhen. Die entsprechenden Rezepte sind mit »NoCarb« gekennzeichnet.

DER ABNEHMKLASSIKER

Der ärgert seit 15 Jahren die Fettzellen meiner Leser. Erst kürzlich kürte ihn das Magazin Elle zum »wirksamsten Fatburner-Smoothie der Welt«.

FATBURNER-COCKTAIL

250 g frische oder tiefgekühlte gemischte Beeren | 1 kleine rosa Grapefruit | 1 Zitrone | 200 ml Joghurt, Buttermilch, Kefir oder Schwedenmilch | 2 TL Leinöl | 4 TL Hefeflocken | 2 TL Agavendicksaft | 1 EL Eiweißpulver (ohne Carbs) | ½ TL Zimt

Für 2 Portionen à 300 ml | Zubereitung: 7 Min.
Pro Portion: ca. 20 g EW, 10 g F, 30 g KH

1 Frische Beeren verlesen. TK-Beeren aus der Packung schütteln, in den Mixbehälter geben, antauen lassen. Grapefruit und Zitrone schälen, grob schneiden, dazugeben. Deckel drauf und alles in Sekundenschnelle fein zerkleinern.
2 Joghurt oder eine der Alternativen dazugeben. Leinöl, Hefeflocken, Agavendicksaft, Eiweißpulver sowie Zimt zufügen und nochmals alles kurz und kräftig durchmixen.

UND DAS MACHT IHN SO WIRKSAM

Die **Grapefruit** greift mit Bitterstoffen in den Blutzuckerhaushalt ein, die Bauchspeicheldrüse produziert weniger Insulin. Das heißt weniger Heißhunger, mehr Fettabbau.

Die **Zitrone** sorgt (wie alle Zitrusfrüchte) mit Vitamin C für Fettverbrennung, gute Laune, Infektabwehr.
Beeren liefern ihre Flavonoide dazu, die die Wirkung des Vitamin C um das 30-Fache steigern. Außerdem versorgen sie uns mit Carotinoiden und Polyphenolen, die jede Zelle vor freien Radikalen schützen.
Das **Leinöl** steuert die nötigen Omega-3-Fettsäuren dazu, die alle unsere Zellen geschmeidig halten und vor Alterungsprozessen schützen. Omega 3 macht gute Laune, hält das Gehirn fit, lockt gute Gewebehormone, nämlich die Eicosanoide, hervor, die den ganzen Menschen in Richtung Gesundheit trimmen.
Die **B-Vitamine** aus den Hefeflocken wappnen gegen Stress, versorgen das Gehirn mit Treibstoff, beugen Depressionen vor.
Joghurt, Kefir oder Buttermilch liefern wertvollstes Eiweiß. Das hält schlank, gesund und macht satt. Außerdem enthalten sie Milchsäurebakterien für den Darm.
Zimt wirkt sich besonders günstig auf den Insulinspiegel aus und beugt so Übergewicht und Diabetes vor.

Mehr Energie durch Mito-Medizin

Wissen Sie, was sich die meisten wünschen, die zu mir kommen und beraten werden wollen? Ganz simpel: mehr Energie. Die ist ihnen irgendwie, irgendwann abhanden gekommen. Früher war alles anders. Es ging in kürzerer Zeit so viel leichter so viel mehr von der Hand. So energielos ist man mitunter schon mit 30. Also verordne ich erst einmal einen Hallo-Wach-Morgensmoothie: Avocado, Aprikose, Matcha, Kakaobohnen, Minze, Kefir, Leinöl. Der verhilft am ehesten zum Bäume-Ausreißen. Und dann normalisiert sich das Gewicht auch wieder, weil es die Mitochondrien sind, die Fett verbrennen und uns so fit machen, dass wir uns mit Freude und freiwillig bewegen.

Wo wird unsere Energie denn hergestellt?

Ganz einfach, in den Mitochondrien. Den kleinen Zellkraftwerken. Davon hat jede Zelle mehrere. Je mehr da sind, desto (biologisch) jünger sind wir und umso mehr Dynamik haben wir. Je weniger in der Zahl und je angegriffener diese Energiekraftwerke sind, desto müder, freudloser und schlapper kämpfen wir uns durch den Alltag.
Je nachdem, welche Anforderungen an eine Zelle gestellt werden, hat sie mehr oder weniger viele Mitochondrien. Im Gelenkknorpel oder der Oberhaut gibt es zum Beispiel

nur wenige. Ganz viele sind in den Zellen mit hohem Energieverbrauch: Herz, Nerven, Sinnesorgane, Eizelle. Im Spermium zählt man 5. In der Leber bis zu 6 000.

Schlappe Mitos?

Die schlechte Nachricht: Sind die winzigen Energiekraftwerke kraftlos und verschlackt oder werden sie nicht mehr in ausreichender Zahl neu gebildet, kommt es zu Fehlfunktionen im Organismus. Es fehlt die Energie. Das nennt sich Mitochondriopathie. Man kennt heute 50 verschiedene davon. Nicht jede ist genetisch bedingt. Auch chronische Entzündungen, Störungen der Darmflora, Dauerstress, Giftstoffe, vitalstoffarme und zucker-stärke-reiche Ernährung lassen die Mitochondrien verkümmern. Mögliche Folgen: Übergewicht, Diabetes Typ 2, Arteriosklerose, Nahrungsmittelintoleranzen, Allergien, Depressionen, Burnout, Leistungsschwäche bis hin zum Chronischen Erschöpfungssyndrom.

Smoothend zu vielen Vital-Mitos

Wie kriegt man aber nun viele frische, aktive Mitochondrien? Einmal durch Bewegung. Ausdauersport vermehrt die Mitochondrien, weil wir dabei mehr Sauerstoff in die Zellen schicken. Das kann man noch intensivieren durch Höhentraining. Wie Leistungssportler. Neuerdings funktioniert das auch im Sessel mit einer Atemmaske: Zellgym. Dazu in einem künftigen Buch mehr.

Grün steht für Chlorophyll, rot für Carotinoide. Beides Fatburner der Natur.

Natürliche Phytamine

Freilich gibt es Therapien mit hochdosierten Vitalstoff-Pharma-Cocktails. Sie ahnen, was mir da lieber ist. Genau: täglich ein frischer Smoothie. Der enthält neben Vitaminen, Mineralien und Spurenelementen auch die zigtausend Wirkstoffe der Pflanze, Phytamine, ätherische Öle, Pflanzenfarben, Omega-3-Fettsäuren und hochwertige Eiweiße. Das kriegt man nicht alles in eine Pille. Das steckt aber in der Kakaobohne, im Chicorée, im Apfel, im Portulak … Fazit: Jeder Smoothie schenkt Energie und Lebensfreude, bekämpft schwelende Entzündungen, lindert Allergien, bremst das Altern. Und das Anhäufen von Energiedepots auf der Hüfte stoppt er auch. Ganz nebenbei.

Grün heißt Leben

Eine der wirksamsten lebensspendenden Substanzen auf unserer Erde ist das Chlorophyll. Der grüne Farbstoff der Pflanze ermöglicht die Fotosynthese. Er steht für Energie. Je mehr Chlorophyll eine Pflanze enthält, desto heilkräftiger ist sie für uns. Chlorophyll ist Mito-Medizin pur und hilft uns, Blutzellen aufzubauen. Es weckt aus der Trägheit, unterstützt die Entgiftung, stärkt das Immunsystem, hemmt Entzündungsreaktionen. Und es steckt im grünen Smoothie mit Blattgemüsen, Salaten, Kräutern, Sprossen und Wildpflanzen. Sie alle sollte man anfangs mit Gefühl dosieren. Denn der Körper muss sich erst daran gewöhnen.

Hier geht es uns um die andere Möglichkeit, mehr Sauerstoff in die Zellen des ganzen Körpers zu bringen. Smoothend nämlich kann man seine Mitochondrien ganz leicht schützen und aktiv halten. Smoothies sind mitochondriale Medizin, also schlicht und einfach Vitalstoffe.

Etwa alle zwei Wochen erneuern sich die Mitos. Sobald sie wieder genug Vitalstoffe bekommen, teilen sie sich häufiger und blühen zu voller Leistungsfähigkeit auf. Das kann man sogar messen: Per Bioimpedanz-Analyse (BIA) kann man Muskelmasse und Fettanteil bestimmen, aber auch sehen, wie fit und gut ernährt die einzelne Zelle ist.

Auch das macht wach

Übersäuert? Säureflut im Körper macht müde, energielos – und hungrig. Das kann man einfach ändern: mit einem Smoothie morgens. Auch eine überarbeitete Leber macht sehr, sehr müde. Sie braucht Pause von zu viel Zucker – und sie braucht Bitterstoffe. Die stecken im Smoothie. Wenn bestimmte Mineralstoffe oder Vitamine fehlen, führt das ebenfalls zu Müdigkeit – etwa Eisen, Magnesium, B-Vitamine (vor allem B_{12}), Jod und Selen für die Energiehormone der Schilddrüse. Auch Omega-3-Fettsäure-Mangel macht müde. Tja. Alles Mito-Medizin. Jeder unserer Smoothies weckt auf. Und ein paar können es noch besser: die perfekten Hallo-Wach-Smoothies für mehr Energie ab Seite 94.

Was den Smoothie zum Fatburner kürt

Sieben Punkte muss ein Smoothie erfüllen, um als Fatburner zu gelten.

Er liefert ungesättigte Fettsäuren

Und zwar aus guten Pflanzenölen, Nüssen oder Chiasamen. Die senken den Insulinspiegel und machen auf diesem Weg die Fettverbrennung möglich. Sie locken die guten Eicosanoide, das sind die schon mal erwähnten Gewebehormone, die unser Immunsystem unterstützen, schwelende Entzündungen im Keim ersticken und den ganzen Menschen auf gesund trimmen. Sie normalisieren das Appetithormon Leptin und stimulieren Hormone und Enzyme, die den Fettstoffwechsel anregen. Und: Sie erhöhen die Thermogenese, sorgen also dafür, dass Kalorien als Wärme verpuffen.

Niedriger GLYX im Glas

Wissenschaftler haben gemessen, welche Lebensmittel mit ihrem Gehalt an Kohlenhydraten (Zucker, Stärke) den Blutzucker schnell ansteigen lassen und damit für eine hohe Insulinausschüttung sorgen und welche nicht. Viel Insulin heißt: Man bekommt Heißhunger und die Fettverbrennung stoppt. Die Lebensmittel hat man dann mit einer Zahl von 1 bis 100 bewertet. Dem sogenannten glykämischen Index. Kurz GLYX. Grob kann man sagen: Mit GLYX bis 55 hält ein Lebensmittel schlank. Dazu zählen Geflügel, Fisch, Fleisch, Tofu, Lupinenschnitzel, naturbelassene Milchprodukte, Eier, Nüsse, alle grünen Blätter, das meiste Gemüse, saures Obst wie Beeren, Zitrusfrüchte und Äpfel, Bitterschokolade, Akazienhonig. Mittelgewichte findet man von 55 bis 75. Davon sollte man nur eine kleine Portion essen: Bananen, Exoten, Pellkartoffeln, Nudeln, Reis. Dick macht ein Lebensmittel, das viel Insulin lockt, also höher als 75 liegt. Wie Weizenbrot, Bier, Softdrinks, Cornflakes, Süßes, Kuchen, Kekse, Junkfood, viele Smoothies aus dem Supermarktregal.

Unsere Smoothies haben ihren GLYX alle unter 55. Und manche gehen wie gesagt sogar als NoCarb durch. Sie sind entsprechend gekennzeichnet.

Wirkt als Serotoninspender

Der Smoothie sorgt für biochemisches Glück. Entzündungen im Darm bauen Tryptophan ab. Das ist der Eiweißbaustein, aus dem der Körper Serotonin bildet. Das Hormon, das uns satt macht und glücklich. Fehlt es, sollten wir uns Tryptophan und B-Vitamine zuführen. Sprich Eiweiß und Nüsse oder Samen, die das Serotonin wieder ansteigen lassen. Das macht gut gelaunt, satt und man kann nachts besser schlafen.

Macht satt durch Magendehnung

Den größten Sättigungsreiz induziert der gedehnte Magen. Voll = satt. Freilich müssen wir auch darauf achten, dass die Füllung gut ist, sprich pro Kalorie viele wertvolle Stoffe liefert, Eiweiß, essenzielle Fettsäuren, Biostoffe der Pflanze. Ein Smoothie ist dann ein Fatburner, wenn der Großteil des Füllstoffs weniger als eine Kilokalorie pro Gramm liefert – und er all das mit sich bringt, was wir an Vitalstoffen brauchen.

Eiweiß selbst ist ein Fatburner

Wenn wir Schwedenmilch, Erbsen, Ziegenjoghurt oder Tofu aus dem Smoothie in Körpereiweiß verwandeln, steuert der Organismus Kalorien dazu. Dafür bedient er sich

INFO

SMOOTHIETAUGLICH

Saures Obst ist wunderbar für GLYX-niedrige Smoothies. GLYX-hohes Obst lässt sich als »Süß-Stoff« verwenden: Ananas, Aprikose, Banane und so weiter. Gemüse ist fast immer GLYX-niedrig. Nur stärkehaltiges Gemüse wie Kürbis, Rote Bete und gekochte Karotten haben einen hohen GLYX. Stärkehaltig ist meist das, was unter der Erde wächst, also die typischen Wurzeln und Knollen.

Lupinensamen enthalten sehr viel Eiweiß. Ideal auch für Veganer.

aus den körpereigenen Energiedepots: den Fettzellen. Wir brauchen Eiweiß außerdem, um abzunehmen, denn Eiweiß macht Muskeln. Fehlt Eiweiß, baut der Körper seine eigenen Muskeln ab. Die aber braucht man, um Fett zu verbrennen. Und: Eiweiß kurbelt die Produktion von Schlankhormonen an. Zum Beispiel des Wachstumshormons, das über Nacht das Fett aus den Zellen holt. Zudem stimuliert Eiweiß die Ausschüttung von Hormonen wie Noradrenalin oder Glukagon, die den Stoffwechsel auf schlank trimmen. Ein Fatburner-Smoothie liefert wertvolles Pflanzeneiweiß, das im guten Mixer so aufbereitet wurde, dass es schnell in den Körper dringt. In manchen Rezepten haben wir Erbseneiweißpulver zugesetzt, um den Smoothie mit Protein anzureichern und cremiger zu kriegen. Wenn Sie das nicht mögen, dann lassen Sie es einfach weg.

Wichtig aber bleibt: Wir brauchen 1,5 bis 2 Gramm Eiweiß pro Kilo Körpergewicht. Jede Mahlzeit sollte daher auch Eiweiß enthalten, vor allem beim Abnehmen.

Das Futter für die Darmbakterien

Ballaststoffe aus Gemüse und Obst, Eiweiß, Fermentiertes wie Kefir, Joghurt oder Sauerkraut – diese Smoothie-Ingredenzien machen über die Darmbakterien schlank. Heute zeigen Studien: Nicht nur eine zu geringe Zufuhr von Ballaststoffen, sondern auch eine zu geringe Eiweißzufuhr wirkt sich negativ auf die Bakterienbesiedlung aus. Man weiß schon lange: Wenn bestimmte Bakterien vorherrschen, entstehen im Darm mehr Zucker und Fette. Bei Übergewichtigen fanden US-Forscher mehr von den guten Futterverwertern namens Firmicutes. Von den schlechten, den Bacteroidetes, hatten sie ganz wenig. Achten Sie auf ausreichend Eiweiß, beeinflusst das Ihre Darmflora positiv und schon nehmen Sie ab. Ganz nebenbei.

Superfood

Ein Smoothie enthält in jedem Fall Lebensmittel, die das Immunsystem stärken, Entzündungen ausbremsen, den Energiestoffwechsel anregen, lecker schmecken, aber auch über Heilkraft verfügen. Die uns wach machen, uns zufrieden stimmen. Viele dieser Zutaten sind Superfoods. Sie wirken antioxidativ, entzündungshemmend und aktivierend auf die Funktion der Ausleitungs- und

Entgiftungsorgane. Dazu zählt die Heidelbeere genauso wie die Acaibeere, Kokos, Chia, Moringa, Ingwer, Datteln, die Brennnessel, das Gänseblümchen, der Essig und vieles mehr … ja, sogar das rohe Ei.

Achtung, keine Fatburner: die richtig Süßen

Kürzlich hab ich mir so einen Smoothie aus dem Kühlregal geholt. In Drachenfrucht-pink. Drauf stand: »100 Prozent Frucht.« Begrüßenswert, dass der Smoothie vegan abgefüllt wurde, nur fruchteigenen Zucker enthält und auf der trendigen Designerflasche auch noch einen Text zum Träumen drauf hat: »… dein pinkes Tutu schmiegt sich sanft an deinen makellosen Körper.« Während man sehr angestrengt überlegt, was ein pinkes Tutu ist, fällt einem fast nicht auf, dass dieser nicht mal so ungesunde Smoothie zur Hälfte aus Apfelsaft besteht. Und nur der siebte Teil einer Drachenfrucht drin ist. Dafür 30 Gramm fruchteigener Zucker. Und: Mit 1,7 Gramm so gut wie keine Ballaststoffe. Superlecker. Halt kein Fatburner.

Achtung: Fruchtzucker!

Viele Smoothies haben viel Fruchtzucker und fast keine Ballaststoffe. Das heißt: nix Fatburner. Eher Dickmacher – dann, wenn der süße Smoothie als Nebenbei-Snack zum Fruchtzuckerkonto beiträgt. Heute weiß man: Fruchtzucker schürt den Hunger und macht in großen Mengen eine Fettleber. Und glauben Sie mir, dieser Smoothie, den ich da in der Hand hielt, ist einer von den zuckerarmen guten Smoothies. Da gibt's andere, die warten mit mehr Zucker auf, als eine Cola hat. Die bringen mit Süßstoffen unser feines biochemisches Gefüge durcheinander. Sie heißen »Erdbeer« und haben niemals eine Frucht gesehen, sondern nur Aromastoffe.

Zucker hat ein Gegengift

Idealerweise macht man seinen Smoothie selbst. Raw. Gut gekühlt. Mit den Zutaten, die man liebt und gut verträgt, und mit Zucker in Minimengen oder noch besser im natürlichen Verband. »Als Gott den Zucker erfand, verpackte er ihn in seinem Gegengift«, so der amerikanische Stoffwechselexperte Prof. Robert Lustig. In Ballaststoffe. Diese reduzieren die Aufnahme von Zucker im Darm, indem sie den Bakterien was zum Futtern liefern. Sie hemmen auch die Aufnahme von Fettsäuren. Die dürfen dann die Bakterien zu kurzkettigen Fettsäuren abbauen, und diese machen die Zellen wieder empfindlich für Insulin. Sie schützen so vor Insulinresistenz, Übergewicht und Diabetes. Also muss man den ganzen Apfel im Smoothie nicht fürchten. Den Apfelsaft schon. Darum ist ein Smoothie so gut wie das Obst selbst. Alles drin. Vitalstoffe, echtes Aroma, klar: auch ein bisschen Zucker, allerdings plus sein Gegengift.

STERNE-SMOOTHIES

Christian Algner ist Küchenchef im kulinarischen Sternenhimmel über dem
Hotel Goldener Berg im österreichischen Oberlech. Vier Hauben.
15 von 20 Punkten im Gault Millau.

Er kocht mit regionalen Zutaten, nach dem Prinzip der Nachhaltigkeit, würzt mit Fantasie, echter Gesundheit und – das macht mich besonders glücklich – nach meinem GLYX-Prinzip. Und täglich gibt's Alges Smoothiekreationen für die erlesenen Gäste des Restaurants in Oberlech. Smoothierezepte von Christian Algner finden Sie auf den Seiten 41 und 77.

Trinkst du selbst Smoothies?
Natürlich. Die machen mich morgens so satt, dass ich oft bis drei, vier Uhr nachmittags keinen Hunger habe.

Seit ich dich das letzte Mal gesehen habe, hast du zehn Kilo abgenommen.
Ja. Vorbildlich, nicht? Hab ja bei dir gelernt, wie es geht. Und das gebe ich jetzt an die Gäste unseres Hauses weiter. Das Herzstück ist der Smoothie morgens. Lustig ist: 80 Pro-zent verzichten dann auf unseren Unterwegs-Snack, sie haben einfach keinen Heißhunger mehr. Und es dauert drei Tage, dann haben sie die Lust auf jeglichen Schund verloren und freuen sich auf das nächste GLYX-Gericht.

Mögen die Leute den Smoothie gleich?
Ich zitiere einen Schweizer Gast aus unserem Gästebuch: »Nach anfänglicher Skepsis und viel Überzeugungsarbeit durch Chefkoch Alge habe ich mich getraut, den Smoothie zu trinken. Nach wenigen Sekunden zauberte sich ein Lächeln in mein Gesicht.«

Womit süßt du deine Smoothies?
Am liebsten gar nicht. Am zweitliebsten mit einem Apfel. Am drittliebsten mit dem flüssigen Birkenblätter-Extrakt – wie auch beim Immunelixier ▸ Seite 41. Und manchmal mit Frostbanane.

Dein Lieblingssmoothie?

Maracuja und Chili mit dem Gemüse-Basis-Smoothie.

Was steckt im Gemüse-Basis-Smoothie?

Lauch, Spinat, Feldsalat, Rucola, ein bisschen Staudensellerie, Zitronensaft, das mixe ich mit Lecher Quellwasser auf.

Warum sind manche Smoothies bei dir ganz schwarz?

Da sind verbrannte Kräuter drin. Also Aktivkohle zum Entgiften.

Du tust also auch die trendige Aktivkohle in den Smoothie?

Ja. Sie bindet Giftstoffe, Pestizide, Weichmacher (überall in Plastik) wie ein Schwamm und man scheidet sie aus. Ohne Leber und Nieren zu belasten. Das reinigt den Darm durch. Ein kleiner Espressolöffel reicht. Das kann man ruhig zwei Wochen lang machen. Und man kann sie auch danach immer mal wieder in den Fatburner-Smoothie tun ▸ siehe Seite 45. Man merkt gleich nach dem Trinken, wie aktiv das macht.

Welches Salz verwendest du für die Gemüsesmoothies?

Ausschließlich Himalaya- oder Hawaiisalz. Weil durch Jahrmillionen und reines Gletscherwasser die Giftstoffe ausgeschwemmt wurden. Meersalz ist heute ja leider mit von der Meeresverschmutzung betroffen.

Und welche Kräuter kommen in deine Smoothies?

Wildkräuter von der Wiese vor der Tür. Gerade wachsen Klee, Spitzwegerich, auch Löwenzahn, Minze, Zitronenverbene. Vom Basilikum besorge ich mir Anfang Mai zwanzig Kilo. Einen Teil friere ich ein, den anderen konserviere ich in Öl. Nur zwei Wochen lang hat Basilikum Saison – sprich: ist reich an Aroma.

Ich mag auch Petersilie, ein Kraut, das man viel zu wenig isst. Lecker im Smoothie mit leicht saurer Nektarine, Himbeeren, Zitronensaft, Ziegenmilch. Ich liebe auch geriebenen Ingwer, Chilis und rosa Pfeffer. Oder Isob. Sieht aus wie eine Mischung aus Rosmarin und Oregano, leicht bitter im Geschmack. Super für den Magen, den Darm. Entgiftend, entschlackend.

Verwendest du auch Algen?

Natürlich. Aber nur aus reiner Quellwasserzucht, nicht aus dem Meer. Nori, Pass pierre … einfach eine Handvoll mit in den Smoothie geben, da kann man nichts falsch machen. Super mit Tomaten, Gurken, ein bisschen Wasabi und Spinat. Richtig aufmixen, mit gutem Wasser. Ein Powerburner!

WARUM WIR FATBURNER BRAUCHEN

Gestern saß ich nach einiger Zeit mal wieder mit dem jungen österreichischen Spitzenkoch Christian Algner zusammen. Vor mir ein Zitronenthymian-Limetten-Sorbet-Smoothie. »Alge« war vor vier Jahren bei mir in München und ich habe ihn in das Glyxen eingewiesen. Das hat er dann im Hotel Goldener Berg in Oberlech unter die Haube gebracht. Vier Hauben hat das Hotel, in dem man mit Hochgenuss glyxen kann.

Heute sitzt Alge um etwa zehn Kilo leichter mir gegenüber. Blinzelt in die Julisonne und lächelt sommersprossenspitzbübisch: »Kurz nachdem ich bei dir war, habe ich mir gleich den ersten Smoothie gemixt. Waldbeeren, Joghurt, Olivenöl, Minze und ein Schuss Zwerglimettenessig. Dann war ich süchtig … Weißt du, wir Köche haben alle Stress. Und dann essen wir eben, was schnell geht. Cornflakes zum Frühstück. Kartoffeln zum

Mittagessen. Brot abends. Das ganze un-glyxliche Zeug. Mein Kollege Micha hat mir erst nicht geglaubt – und dann mit Smoo-then und Glyxen 32 Kilo abgenommen! Und seine Laune ist viel besser.«

Fatburner statt Fettsparmaßnahmen

Dank ausgiebiger Forschung wissen wir heute ganz genau, warum wir zivilisierten Menschen so zunehmen. Nur leider dauert es immer etwa 15 Jahre, bis die Ergebnisse der Forschung zu uns Normalmenschen durchsickern und in die Praxis umgesetzt werden. Die Zeit dazwischen ist nichts an-deres als ein (un)menschliches Langzeitex-periment. Darum hat man so lange Kalorien gezählt, Cholesterin gefürchtet, so lange Fett gespart. Das ist immer noch in manchen Köpfen drin. Genauso wie: Zu viel Eiweiß ist gefährlich. Oder: Süßstoff statt Zucker macht schlank. Und weil wir so fehlinfor-miert sind, haben wir ein so gewichtiges Problem. Weltweit. Eine Fetthorter-Pande-mie. Und die wird nicht dadurch abge-schafft, dass man Kohlenhydrate meidet. Das hat uns mit Fett nämlich auch nicht weitergebracht.

Was also tun? Das Geheimnis heißt schlicht und einfach: nicht meiden, sondern ver-brennen. Gucken, wie man auf natürliche Art und Weise zum Fettverbrenner wird. Und zwar ohne Nährstoffverzicht.

Der geheimnisvolle GLYX-Shot

Eine Gruppe Network-Business-Ladys stößt in Alges Hotel mit einem sehr grünen, sehr merkwürdig aussehenden Schnaps an. »GLYX-Shot« steht auf der Menükarte. »Das ist doch Öl! Das kann doch nicht schlank machen ...«, rümpfen einige der Damen das Näschen. Dooochhhh! Der GLYX-Shot ist der kleinste Smoothie der Welt. Und dient, zubereitet aus Gemüse, Essig und Öl, als der perfekte, Schlankhormone hervorlockende Aperitif. Dieser Fatburner zaubert mit es-senziellen Fettsäuren aus dem Pflanzenöl Ich-bin-satt-Hormone herbei. Er reguliert mit seinem Essig den Insulinspiegel herun-ter. Und regt mit den Gewürzen, den sekun-dären Pflanzenstoffen aus Gemüse oder Früchten den Fettstoffwechsel an.

> »Früchte verärgern mein Bedürfnis nach Schokolade.«
>
> JASON LOVE

Öl? Fett? Wunderbar!

Nix Dickmacher. In den 80er-Jahren kam in den USA das Fett auf den Index – und nun kommt es wieder runter. Denn unabhängige Ernährungsexperten von der Harvard

DER GLYX-SHOT

»Prost Gesundheit« heißt es hier. Man muss essen, um abzunehmen. Nur wenn der Körper alle Vitalstoffe kriegt, die er braucht, läuft der Energiestoffwechsel rund. Ein wunderbarer Trick: der GLYX-Shot vor dem Essen.

NoCarb
BASIS: GRÜNER SMOOTHIE

1 Mixbehälter mit insgesamt 200 g von drei bis vier Sorten grünen Blättern und Gemüse der Saison füllen: Löwenzahn, Mangold, Spinat, Feldsalat, Rucola, Basilikum, Koriander, Minze, Zitronenverbene, Brokkoli, Staudensellerie, Algen. Mit etwas Zitronensaft und ca. 0,5 l gutem Quellwasser aufmixen.

2 Wer will, kann würzen: mit schwarzem oder rosa Pfeffer, etwas Himalayasalz, geröstetem Koriander, Kardamom, Ingwer oder Chili. Tipp: Den grünen Smoothie kann man auch als Eiswürfel konservieren. Und bei Bedarf ein Glas Wasser mit einem Würfel anreichern.

NoCarb
DER GLYX-SHOT

4 cl grüner Smoothie | 1 EL Öl | 1 EL Essig
(starten Sie jeweils mit 1 TL und steigern Sie)

1 Für mehrere Portionen den grünen Smoothie mit entsprechend viel Essig und Öl im Mixer verquirlen. In kleine Schnapsgläser gießen. Vorm Trinken noch mal verrühren.

Welches Öl? Welcher Essig?

Lebenswichtige Fettsäuren liefern Lein-, Hanf-, Argan-, Walnuss- und auch Kürbiskernöl. Olivenöl versorgt mit Aromastoffen, die den Appetit zügeln. Der Essig kann ruhig ein besonderer sein, aus gutem Wein oder guten Früchten (beispielsweise Äpfel, Himbeeren, Aprikosen, Schwarze Johannisbeeren, Zwetschgen …).
Den grünen Smoothie kann man auch mal austauschen gegen Grapefruit-, Gerstengras-, Holunder-, Sanddorn- oder einen fermentierten Saft ▶ **Seite 84**.

Universität Boston sichteten die Fachliteratur und stellten fest: Fett ist nicht ungesund. Es gibt keine wissenschaftliche Basis dafür, irgendjemandem zu empfehlen, die Fettzufuhr zu reduzieren. Nüsse und Fisch sind gesund. Vollmilch, Joghurt und Co. neutral, Low-Fat-Produkte viel ungesünder.

Der Harvard-Forscher David Ludwig: »Als die US-Richtlinien 1980 eine fettarme Ernährung empfahlen, wechselten die Leute von gesunder Vollfettnahrung zu ungesunden Low-Fat-Produkten, die mit Zusatzstoffen versehen waren.«

Der Zucker ist es, der krank macht. Und der steckt in Low-Fat-Produkten, die aus Geschmacksgründen damit aufgepeppt werden. Das Fett ist also überhaupt nicht das Problem. Darum passt in den Fatburner-Smoothie auch der griechische Joghurt mit 10 Prozent Fett. Darum lassen wir uns vom GLYX-Shot mit Genussölen die Körperzellen verjüngen und die Schlankhormone locken. Darum macht die Avocado den Smoothie so lecker gesund und obendrein auch noch cremig. Darum fürchten wir die 30 Gramm Nüsse im Smoothie nicht.

Kann Glaube auch Fettberge ...?

Auch hierzulande glauben noch ganz viele Ärzte und Wissenschaftler, dass Fett ungesund ist, dass es dick macht. Und dann gibt es die anderen, die sofort den nächsten Feind auf dem Tablett servieren: Kohlenhydrate. Gott sei Dank gibt es auch einige vernünftige Denker. Von Martin Reincke, Stoffwechselexperte an der Ludwig-Maximilians-Universität München, las ich neulich erst in der Süddeutschen Zeitung: »Jede Form einseitiger Ernährung ist eine Mogelpackung, egal ob es sich um Low-Fat, Low-Carb oder Low-Protein handelt.«

Wissen Sie, wie schön es ist, recht zu haben! Und wie wundervoll es ist, seit 15 Jahren recht zu haben. Ich hab immer schon gesagt: Meiden ist die falsche Strategie. Man muss essen, um abzunehmen. Nur das fällt leider manchen schwer zu glauben und noch schwerer zu tun.

Komisch, gell: Da unten in dem Kasten mit den Gründen für Übergewicht steht nicht »Gene«. Da steht nicht »zu viele Kalorien« und auch nicht »zu viel Essen«. Das macht

INFO

DIE ACHT FEINDE DER FIGUR
- Unser Energierucksack selbst
- Schwelende Entzündungen
- Ungünstige Darmflora
- Chronischer Stress
- Süßstoffe, Light-Fette
- Mangel an Eiweiß
- Die Kombination Fett / Zucker 40 / 60.
- Die eigene Lebensrolle: Bürohocker oder Fitnessqueen?

– wie sagt man so nett – das Kraut nicht fett. Übergewichtige Menschen essen nämlich in der Regel nicht mehr als andere. Aber sie schneiden bei den genannten acht Faktoren nicht so gut ab.

Nun bleibt nur noch die Frage offen, ob man gegen diese acht Feinde ankommen kann – ohne eine strenge Diät einhalten zu müssen. Und ich sage: Jup. Ja. Kann man. Und zwar holt man sich mit der kleinsten Veränderung den größten Gewinn. Man investiert schlichtweg einfach nur fünf Minuten morgens in einen Fatburner-Smoothie! Gut, wer morgens erst noch in die Gänge kommen muss, braucht vielleicht zehn Minuten. Aber das reicht meist. Und man nimmt ab. Ganz von allein. Wetten, dass …?

Die Evolution und unser Energierucksack

Lange hieß es: Aus evolutionärer Sicht überlebt der am besten, der sich rundfuttern, sich in guten Zeiten einen Energierucksack in Form von Fett zulegen kann – für schlechte Zeiten. Nur wenn man genau hinguckt, stellt man fest: Das kann im Grunde gar nicht sein, weil sich die Evolution nicht verrechnet. Denn heute wissen wir: Je mehr Fett wir auf den Rippen haben, desto weniger verbrennen wir davon, gleichzeitig wächst die Insulinresistenz, das heißt, wir steuern über hormonellen Heißhunger und ausgebremste Lipolyse (Fettverbrennung)

auf Diabetes und damit auf den Herzinfarkt zu. Daraus lässt sich schlüssig folgern: Unser Körper kann wirklich viel besser mit Notsituationen, mit einem Mangel an Lebensmitteln umgehen als mit Überfluss.

Zu viel da, zu viel drauf

Der Überfluss ist das, was uns dick und krank macht, und nicht die Kalorie. Es ist das Zuviel am Falschen. Und genau das bringt den Körper und seine biochemisch fein justierten Abläufe so durcheinander, dass die Energie, die wir aufnehmen, im Körper falsch bereitgestellt wird. Das Gehirn bekommt zu wenig, der Bauch zu viel. Das macht träge, raubt Lebensfreude und Konzentration. Das Fettgewebe produziert Entzündungsstoffe, und die hemmen das Immunsystem. Das macht unglücklich, das raubt Energie, das wiederum ist Ursache für Übergewicht. Das Fett um die Darmschlingen produziert auch Entzündungsstoffe und Hormone, die Zellen gegen Insulin unempfindlich machen. Das macht Heißhunger, Übergewicht, Diabetes …

Diesen Kreislauf müssen wir durchbrechen. Und das funktioniert am einfachsten morgens nach dem Aufstehen. Noch besser: Nach einer kleinen fröhlichen Runde Frühsport in den Laufschuhen oder auf dem Minitrampolin bringt man einen weiteren Dreh ins Leben – den Mixer. Für einen Smoothie voller Lebensversicherungen für jede einzelne Körperzelle.

Wie uns das Bauchfett dick und dicker macht

Menschen mit Bauch fühlen sich nie so richtig satt, haben oft Probleme mit der Verdauung, der Haut, den Gelenken … Das Fett in diesem Bauch produziert nämlich Hormone, die träge machen, müde, hungrig, krank und immer dicker. Nun könnte man sich mal ein Maßband holen und gucken, ob uns der »Mitbürger« über der Gürtellinie ständig Hunger macht. Das tut er nämlich, wenn das Maßband um den Frauenbauch mehr als 89 Zentimeter zeigt und um den Männerbauch mehr als 102. Das Bauchfett produziert das Hormon Neuropeptid Y, das im Gehirn den Appetit anregt. Am Bauch selbst sorgt es dafür, dass der noch mehr Fettzellen anbaut. Damit dort ja genug Platz für den Braten oder den Sahne-Bananen-Smoothie ist.

Sauer macht hungrig

Wird man sein Fett nun auf irgendeine Weise plötzlich doch los, macht das zusätzlichen Hunger. Weil der Körper übersäuert. Der Mensch hat in seinem Fettgewebe mehrere Kilogramm Triglyceride gespeichert. Diese decken den Energiebedarf von bis zu 40 Tagen ab. Triglyceride bestehen aus einem Glycerinmolekül, das mit drei Fettsäuren verknüpft ist. Abnehmen heißt: Fettsäuren überschwemmen den Körper – und Säuren machen ihn sauer, uns hungrig. Darum funktioniert Abnehmen nur, wenn man gleichzeitig entsäuert. Das tut unser Smoothie ganz selbstverständlich.

Austricksen macht dick

In Ihren Körper ist ein natürlicher Kalorienzähler eingebaut. Und der hat auch mal gut funktioniert. Es gab eine Zeit, da signalisierte eine süße Frucht, ein fetter Braten seinem Finder-Körper: »Gute Energiequelle, davon muss man nicht viel essen.« Das funktionierte wunderbar, bis der Mensch der Natur ins Handwerk pfuschte und Dinge süß machte, die kaum Kalorien liefern – Stichwort Süßstoffe. Und weil das den Körper durcheinanderbringt, nimmt die Zahl an Übergewichtigen zu. Logisch. Das Gleiche passiert mit »light«, mit dem künstlich erzeugten Mangel an essenziellen Fettsäuren.

INFO

WIE VIEL KÖRPERFETT IST GESUND?

Der Anteil an Körperfett am Gesamtgewicht ist bei Mann und Frau unterschiedlich.

	Frau	Mann
Überlebenswichtig	10%	3%
Leistungssportler	15%	8%
Sportler	21%	15%
Normal	25 bis 31%	18 bis 24%
Übergewicht	› 31%	› 25%

Leinöl im Smoothie, Walnussöl im GLYX-Shot, das kurbelt die Fettverbrennung an.

dann Kuchen, Schokolade, Nussnougat-creme, Riegel, Bananenshake, Pfannkuchen, Schokomuffin, Cornflakes oder Müsli mit Milch, Marmeladenbrot. Die haben alle eines gemeinsam: das Verhältnis von 40 zu 60. 40 Prozent Fett, 60 Prozent Kohlenhydrate. Denn genau diese Formel macht über das Dopaminsystem im Kopf süchtig. Sie hebelt unser Insulinsystem aus den Fugen. Und genau das macht diesen Heißhunger auf mehr. Wer das nicht mehr will, steigt morgens um von all den typischen Fett-Zucker-Drogen auf den Smoothie. Der schickt einen gleich früh über eine Art angenehmen Entzug aus der Heißhungerfalle.

Und es gilt nicht nur für Kalorien. Fehlt irgendein Nährstoff, schaltet der Körper immer all die hormonellen Mechanismen ein, die uns zum Kühlschrank zwingen. Nur wenn er das Zink, das Tryptophan, das B-Vitamin … hat, wenn all das, was er braucht, da ist, schaltet das Appetitprogramm auf: »Jetzt bin ich aber zufrieden!« Smoothieglück pur.

Vorsicht, Sucht!

Keiner mag eine Packung Butter runterdrücken oder eine Tüte Zucker löffeln. Wirklich nicht! Allerdings: Die Kombi aus Fett und Zucker (oder Weißmehl) macht süchtig, weil sofort das Belohnungssystem in unserem Hirn anspringt. Unsere Suchtstoffe sind

Rabbit Starvation

Glauben Sie, der Hüfte sei es egal, ob die Kalorie aus dem Smoothie kommt oder aus dem Tiramisu? Nö. Ist es ihr nicht. Das ist leicht erklärt, und zwar an einem zunächst erstaunlichen Beispiel: Wer nur mageres Kaninchen isst, kann hungrig bleibend immer mehr davon essen – und verhungert quasi vor der Kaninchenplatte für zwei Personen. Das Phänomen, das schlichtweg alle Experten widerlegt, die immer noch wagen zu behaupten »Kalorie ist Kalorie«, ging unter dem Fachbegriff »rabbit starvation« in die Geschichte der Ernährungslehre ein. Man verhungert tatsächlich an magerem Kaninchenfleisch. Oder an magerem Huhn. An Fisch. An No-Carb-Lassi. An Eiweißpulver – wenn es, wie die anderen Beispiele, keine Kohlenhydrate enthält. Und warum ist das so? Weil Eiweiß zehrt. Weil es die Thermogenese erhöht.

Ohne Eiweiß klappt keine Diät

Erhöht man seine tägliche Ration Protein, isst zu jeder Mahlzeit eine Portion Eiweiß, verliert man das viszerale, das gefährliche Bauchfett und verbessert sowohl den Fett- als auch den Zuckerstoffwechsel, beugt Diabetes und Übergewicht vor. Woran liegt das? Eiweiß macht Muskeln – und die verbrennen Fett. Auch im Sitzen auf der Couch. Der Grundumsatz klettert nach oben, mit jedem Gramm Muskel mehr. Fehlt Eiweiß, baut der Körper seine eigenen Muskeln ab. Wer genügend Eiweiß isst, lockt damit Schlankhormone hervor. Zum Beispiel das Wachstumshormon, das für Fettabbau sorgt. Oder das Hormon des positiven Stresses, Noradrenalin, das ebenfalls Energiereserven aus den Fettzellen mobilisiert. Ein Eiweißmangel boykottiert jede Diät: Der Körper signalisiert dann so lange Hunger, bis seine Proteinspeicher wieder voll sind. Man isst und isst und isst … und erliegt dem Proteinhebeleffekt. Die hilfreiche Antwort heißt wieder: Fatburner-Smoothie morgens.

Die eigene Lebensrolle

Use it or lose it. Gebrauche es oder verliere es. Das habe ich mal von dem Menschen gelernt, der mich zum Laufen brachte – und mit mir Millionen andere: Dr. Ulrich Strunz.

Wer seine Muskeln nicht gebraucht, verliert sie. Und die Muskeln sind nun mal der einzige Ort, an dem in nennenswertem Maß Fett verbrannt wird. Selbst im Ruhezustand. Mit dem BIA-Messgerät guck ich mir bei meinen Klienten genau an, was sich da im Körper abspielt, und stelle zwei Dinge fest: Wenig Energie hängt zusammen mit wenig Muskeln im Körper. Und wer sich zu wenig bewegt und auch noch das Falsche isst, baut Muskeln ab. Das Abnehmen wird immer schwerer. Deshalb: Täglich Bewegung plus Smoothie, das macht und hält schlank.

INFO

MEDIZIN PUR

Schlüpfen Sie in eine neue Lebensrolle als bewegter Mensch. Besorgen Sie sich zum Beispiel ein Minitrampolin für Faszien, Ausdauer und Muskeln. Das nutzen Sie noch vor dem Morgensmoothie. Auch das ist ein simples Gesundheitsrezept. Mit wenig Aufwand viel erreichen. 20 Minuten bringen so viel Ausdauer wie 30 Minuten Joggen – und gleichzeitig werden durch die Überwindung der Gravitationskraft die Muskeln gestärkt. Und hüpfend tut man auch gleich noch etwas für die Faszien und strafft sein Bindegewebe.

WIE SICH DER SMOOTHIE AN DEN BAUCH MACHT

Gleich siebenfach geht der morgendliche Smoothie dem Fett an den Kragen.

1. Brennstoffwechsel: Per Smoothie wechseln wir den Morgenbrennstoff von Müsli, Brot, Cornflakes auf Fatburner. Wir locken weniger Insulin, das kurbelt die Betaoxidation, die Energiegewinnung aus Fett, an.

2. Eiweiß-Plus: Erhöht man seine tägliche Proteinration, verliert man das viszerale Fett am Bauch und verbessert sowohl den Fett- als auch den Zuckerstoffwechsel. Das bremst den Heißhunger aus. Unsere Smoothies liefern reichlich Pflanzenproteine, so aufgeschlossen, dass sie gut zum Wirkort im Körper kommen. Und sie lassen sich noch anreichern mit Milchprotein, Ei, Seidentofu, Lupinenjoghurt oder Erbseneiweißpulver.

3. Hungerstopper: Ungesättigte Fettsäuren aus Hanf-, Lein-, Olivenöl, Nüssen und Chiasamen regulieren über hormonelle Abläufe, was und wie viel wir essen, und beeinflussen andere Mitspieler beim Fettabbau.

4. Entsäuerung: Obst (sogar Zitronen), grüne Blätter, stärkearmes Gemüse, Kräuter und Gewürze, Chiasamen, Mandeln und Erdmandeln entsäuern den Körper. Weniger Säuren – weniger Fett.

5. Kleine Tricks: Kokosöl und -milch lindern über bestimmte Fette Heißhungerattacken. Grüne Blätter, Chili und andere Fatburner-Zutaten erhöhen die Fettverbrennung am Bauch selbst. Anti-Stress-Ingredenzien wie Nüsse und Samen hindern das Hormon Cortisol am Speckaufbau. Die Aminosäure L-Glutamin hilft beim Fettabbau, wenn man denn zusätzlich Sport treibt. Kohlepulver putzt den Darm und schenkt uns Energie.

6. Hara hachi bu: Nirgendwo auf der Erde gibt es so viele schlanke, gesunde Hundertjährige wie auf der japanischen Insel Okinawa. Die magische Kraft der jungen Alten lautet neben gesunden Lebensmitteln »Hara hachi bu« – fülle den Magen nur zu 80 Prozent. Also: Reduziere die Kalorien, aber nicht die Vitalstoffe. Nichts füllt den Magen besser als ein Smoothie. Damit kann man auch mit vollem Bauch Hara hachi bu leben.

7. Fett-Regel: Fett kann man nicht meiden. Fett muss man verbrennen. Und das tut man nur im Feuer der Biostoffe, die den Stoffwechsel am Rennen halten: mit Smoothies.

Das braune Fettgewebe

Wie werden wir unser Fett wieder los? Indem wir es verbrennen. Laufend im Wald. Oder unter der kalten Dusche. Wie das geht? Für Körperwärme, ohne dass wir dafür ackern, ist das sogenannte braune Fettgewebe zuständig. Davon hat ein Säugling viel, weil er sich wenig bewegt und es trotzdem warm haben muss. Das braune Fettgewebe ist so etwas wie unser körpereigener Ofen, und viel davon zu haben, ist gut. Es verbrennt nämlich Fett und Zucker dann, wenn wir einfach so herumliegen. Es schützt uns vor Unterkühlung. Setzt also Kalorien in Wärme um. Das nennt man Thermogenese, die Aufrechterhaltung unserer Körpertemperatur. Die Natur hat dieses braune Fett nur leider nicht sehr gerecht verteilt. Es gibt Menschen, die haben so viel braunes Fettgewebe, dass sie am Tag etwa 800 Kilokalorien mehr in Wärme umsetzen als andere. Nun stellt sich halt die Frage: Kann man das braune Fettgewebe aktivieren? Ja, kann man. Mit Kältereizen und mit Smoothies.

Kälte heizt unser Öfchen an

Wer es verträgt, legt die Smoothiezutaten in den Kühlschrank. Kälte ist der stärkste Aktivator des braunen Fettgewebes. Im Sommer kann man die Smoothies mit gecrashtem Eis zubereiten. Und wirklich nichts geht über die Wirkkraft der Kräuter-Smoothie-Sorbets von Christian Algner ▸ siehe Seite 77. Übrigens zeigen Studien: Wer die Zimmertemperatur um ein Grad herunterdreht, produziert um 250 Kilokalorien mehr an Körperwärme. Täglich! In 28 Tagen hat er ein Kilo Fett verbrannt. Wer ständig im Warmen auf dem Sofa hockt, der deaktiviert seinen natürlichen Schlankofen.

Fett plus Eiweiß macht auch warm

Wem nichts daran liegt zu frieren (kalt zu duschen gehört auch nicht zu meinen Lieblingsbeschäftigungen), der kann sein braunes Fettgewebe mit einem Smoothie aktivieren – nicht über die Temperatur, sondern wiederum über die Zutaten: Viel Eiweiß und ungesättigte Fettsäuren erhöhen die Thermogenese um mehr als 10 Prozent. Eiweiß schafft mitunter sogar 25 Prozent, weil unser Körper für seine Verarbeitung Wärmeenergie zuschießt.

TIPP

MEHR THERMOGENESE

Das alles erhöht im Smoothie die Thermogenese: Eiweiß (Lupine, Ei, Milchprodukte, Algen), Chili, grüner Tee, Kaffee (grün und schwarz), schwarzer Pfeffer, Kurkuma, Vanille, Ingwer, Meerrettich, Wasabi, Minze, Brokkoli, Kohl, Leinöl, Nussöl, Hanföl, Nüsse und Samen, Essig.

EIN SMOOTHIE, DREI ABNEHMWEGE

WER ABNEHMEN ODER KÜNFTIG EINFACH NICHT ZUNEHMEN MÖCHTE, SOLLTE DREI HELFER MITEINBEZIEHEN: DAS IMMUNSYSTEM, DEN DARM UND DIE HORMONE. UM ALLE DREI KÜMMERN SICH UNSERE SMOOTHIES. WIE SIE WIRKEN, LESEN – UND SCHMECKEN – SIE IN DIESEM KAPITEL.

Abnehmen übers Immunsystem 36

Ein smoothiegesunder Darm hält schlank 42

Wecksignal für Satt-Hormone 48

ABNEHMEN ÜBERS IMMUNSYSTEM

Heutzutage spricht man nicht mehr so schlicht und einfach über Vitamine und Mineralstoffe, sondern über Mitochondriale Medizin – die Mito-Medizin, die Sie schon kennengelernt haben. Mito-Medizin ist Biotreibstoff. Mitochondrien, die Kraftwerke unserer Zellen, sorgen dafür, dass wir Energie haben, dass wir dynamisch sind, dass wir gesund sind. Heute erst wissen wir, dass diese kleinen Zellorganellen maßgeblich daran beteiligt sind, wenn etwas schiefläuft in unserem Körper. Wenn der Stoffwechsel aus dem Ruder läuft. Wenn wir zu viel Fett anhäufen, wenn das Herz Probleme macht, wenn uns Allergien plagen. Finden wir also einen Weg, die Mitochondrien positiv zu beeinflussen, können wir Krankheiten und Übergewicht wirkungsvoll begegnen.

Wie aber halten wir die Biochemie der Kernkraftwerke am Laufen oder bringen sie wieder in Schwung? Ganz klar: mit Mito-Medizin. Indem wir schwelende Entzündungen im Körper ausbremsen, oxidativen Stress entschärfen, das Immunsystem auf Vordermann bringen. Genau das, Sie ahnen es, schafft unser täglicher Smoothie.

Entzündungen durch oxidativen Stress

UV-Licht, Umweltgifte, zu viel Zucker, Stoffwechselendprodukte, Überanstrengung, all das subsummiert man unter »oxidativem Stress«. Er vermehrt freie Radikale, die im Körper Gewebe schädigen und Entzündungsreaktionen auslösen. Je nachdem, in welchem Gewebe diese Immunreaktionen stattfinden, gibt es unterschiedliche Symptome. In den Gelenken? Das macht Rheuma. In der Schilddrüse? Energiemangel, Gewichtszunahme. In den Gefäßen? Arteriosklerose, Bluthochdruck. Häufig sorgt so eine Entzündung für Insulinresistenz, durch die zu viel Insulin ausgeschüttet wird. Das macht chronisch müde – und man nimmt ebenfalls zu. Wir wissen schon länger: Schwelende Entzündungen im Körper machen dick. Und unglücklich, weil das Immunsystem nicht mehr so viel Kraft hat, seine Endorphine, Botenstoffe des puren Glücks, zu bilden.

Nitrosativer Stress

Wir haben einen Zauberstoff im Körper, der uns mit Energie auflädt – und Medizin pur ist: Stickstoffmonoxyd. NO stellt die Blutgefäße weit. Senkt den Blutdruck. Schützt uns vor Herzinfarkt und Impotenz. Es sorgt für Entspannung und herrlichen Schlaf. Nur: Wie immer ist Gesundheit eine Sache der Dosis. Wird dieses wertvolle Molekül zu viel gebildet, durch Psychostress, Fehlernährung, Bewegungsmangel, Umweltgifte, Infekte, greift es unsere Mitochondrien an, führt zu Konzentrationsschwierigkeiten, Leistungsabfall, chronischer Erschöpfung, Burnout, Depressionen, Panikattacken, Schlafstörungen, Fibromyalgie, Reizdarm, Allergien … und Übergewicht. Aber keine Sorge, auch gegen diesen sogenannten nitrosativen Stress geht man mit dem Smoothie wirkungsvoll an.

TIPP

STRESS AUSBREMSEN
Oxidativer und nitrosativer Stress lassen in den kleinen Zellkraftwerken das Kalzium ansteigen, was Interleukine ans Werk schickt, die Entzündungen entfachen. Unsere Abwehrkräfte und die Mitochondrien werden unterstützt von den Vitaminen A, B_6, B_{12}, C, D und E, außerdem Kupfer, Magnesium, Folsäure, Eisen, Selen und Zink. All das steckt im Smoothie.

Entzündungen sind messbar

Entzündungsherde im Körper lassen sich über die Messung des sogenannten hs-CRP-Wertes erkennen. Ist er hoch, schwelen solche Herde irgendwo im Körper. Für einen hohen hs-CRP-Wert sorgen zu viel NO, zu viel oxidativer Stress, zu viel Bauchfett – und zu wenig Gemüse.

Ein übermäßiger Bauch geht übrigens oft einher mit einer mangelnden antioxidativen Kapazität. Im Körper wüten also ungehindert freie Radikale, die Entzündungsreaktionen fördern.

Diese freien Radikale kann man allerdings ganz einfach verhaften: mit Vitamin E (aus Nüssen und Samen), Selen (aus der Kokosnuss), Vitamin C (Obst, fermentiertes Gemüse), Beta-Carotin (rote Früchte) und den Biostoffen der Pflanzen. Sprich: mit einem morgendlichen Smoothie.

INFO

MITOS SIND ENTSCHEIDEND

In den kleinen Kraftwerken der Zelle läuft eine Art innere Atmung ab, Atmungskette genannt. Es wird ATP produziert, ein Nukleotid, letztlich die Energie, die die Zellen brauchen. Es werden Fettsäuren abgebaut, es wird Harnstoff entgiftet, Kalzium gespeichert, Enzyme werden aktiviert.

Omega-3-Fettsäuren und die Phytomedizin

Unser Gehirn besteht zu 60 Prozent aus Fett – hauptsächlich aus DHA, Omega-3-Fettsäuren. Nicht aus Stroh, nicht aus Schweinebratenfett. Der Körper baut sich aus diesen Fettsäuren Nervenstrukturen und sorgt dafür, dass der Mensch denken, fühlen, riechen, sehen kann, dass er aktiv und dynamisch ist. Die Fettsäuren stabilisieren auch Zellwände, machen sie geschmeidig und schützen die Mitochondrien und uns vor dem Altwerden. Darum machen die lebenswichtigen Fettsäuren auch eher jung und gesund als dick.

Forscher der Universität von Kalifornien untersuchten die Wirkung von Omega-3-Fettsäuren auf den Zellstoffwechsel im Fettgewebe. Sie fanden heraus: Zytokinproduzierende Fresszellen, die das Fettgewebe durchwandern, reagieren empfindlich auf diese Fettsäuren. Das heißt: Omega-3s unterbinden die Produktion dieser entzündlichen Stoffe und fördern den Zuckerabbau, indem sie die Wirkung von Insulin verbessern. Sie senken das Risiko für Depressionen um 30 Prozent, was ebenfalls damit zusammenhängt, dass sie Entzündungen lindern. Wer diese wunderbaren Nachrichten kennt, nutzt sie natürlich: Er achtet auf Omega-3s, gibt also regelmäßig Chiasamen, Leinöl oder Hanföl in den Smoothie. Oder lässt Nüsse und Samen im Mixer mitkreisen.

Schlank durch Pflanzenpower

Warum stecken in Pflanzen eigentlich so viele Wunderstoffe, die uns gesund und fit halten? Ganz einfach. Das macht die Pflanze nicht für uns, sondern für sich, um sich zu schützen. Mit Farbstoffen vor UV-Strahlung. Mit Bitterstoffen vor Fraßfeinden. Mit Antibiotika vor Bakterien. Mit eigenen Fungiziden gegen Pilze. Weil der Mensch sich im Laufe der letzten hundert Millionen Jahre immer auch von Pflanzen ernährt hat, hat unser Körper gelernt, diese Substanzen für sich zu nutzen. Polyphenole, Carotinoide und Glucosinolate stärken das Immunsystem, fördern die Verdauung, schützen den Darm, unterstützen unsere Entgiftungsorgane – und all das hilft beim Abnehmen.

Lauter Phytamine

Analog zu den Vitaminen nennt man diese sekundären Pflanzenstoffe gerne Phytamine. Etwa 60 000 Stoffe mit vielfältigen Wirkungen gehören dazu. Hier eine kleine Auswahl:

- Polyphenole kommen als Farb-, Geruchs- oder Geschmacksstoffe in fast allen Pflanzen vor, besonders in Gewürzen, Kakao, Holunderbeeren oder Granatäpfeln. Polyphenole feien uns vor Krankheitserregern und Krebs, sie stärken das Immunsystem, hemmen Entzündungen und schützen die Körperzellen als Antioxidantien vor alt und krank machenden freien Radikalen.
- Die pflanzlichen Farbstoffe namens Carotinoide teilt man ein in die rötlichen Carotine in Aprikose, Tomate und Co. und die grünen Xanthophylle im Salat. Carotinoide versorgen Immunsystem und Zellen mit ihrer antioxidativen Wirkung.
- Saponine, die Seifenstoffe beispielsweise in Kräutern, Tee, Spinat und Tomaten, lindern Entzündungen, wirken gegen Viren, Pilze und Bakterien und schützen uns sogar vor Dickdarmkrebs.
- Auch Glucosinolate aus Senf, Kresse, Meerrettich und Kohl hemmen Krebs, stärken das Immunsystem und wirken antibiotisch und antioxidativ.
- Salicylsäure hat ebenfalls einen starken antientzündlichen Effekt auf uns. Steckt nicht nur in Aspirin, sondern auch in Beeren, Trauben, Datteln, Ananas, Orange.

TIPP

EINFACH TAUSCHEN

Wer Immunsystem sagt, muss auch Allergie sagen. Zu den wichtigsten Obstallergenen zählen Apfel, Pfirsich, Banane, Kirsche und Kiwi, die wichtigsten Gemüseallergene sind Sellerie, Karotte, Soja und Tomate. Wer gegen ein Lebensmittel allergisch ist, kann es im Smoothie weglassen und gegen ein anderes austauschen. Kuhmilch durch Ziegenmilch oder Mandelmilch. Joghurt durch Lupinenjoghurt.

WIE SICH DER SMOOTHIE AN ENTZÜNDUNGEN MACHT

Der Smoothie schenkt uns schon morgens eine große Portion antientzündlicher Superstoffe. Farbstoffe aus dem Gemüse, die Vitamine C und E sowie Selen aus Nüssen oder Ei. Und logo: Omega-3 aus Leinöl oder Chiasamen.

Ein schwaches Abwehrsystem macht uns träge und traurig. Das wiederum macht dick. Wer sein Immunsystem stärkt, schafft sich auch die hormonelle Basis für eine funktionierende Fettverbrennung.

1. NO-Bremsen

Aminosäuren, also Eiweißbausteine, entschärfen den Stickstoff. Wie beispielsweise L-Glutaminsäure aus Mandeln, Nüssen, Joghurt. Mit Vitamin B_{12} (Sauerkraut) und Antioxidantien wie Vitamin C, E, Beta-Carotin (Obst und Gemüse) und Selen (Nüsse, Samen) kann man NO und auch den oxidativen Stress entschärfen.

2. Aktivmineralien

Selen (Kokosnuss) hemmt die Vermehrung von Viren im Körper und arbeitet an der Produktion von Abwehrzellen mit. Zink aus Nüssen und Samen aktiviert die Abwehrzellen in der Thymusdrüse.

3. Immunaktivatoren

Vitamin E (Nüsse, Samen, Öle) und Vitamin C (Obst, Gemüse) entschärfen freie Radikale. Die Immunzellen brauchen Folsäure (grünes Gemüse), um Antikörper zu bilden. B_1, B_5 und B_6 (Nüsse, Hefeflocken) unterstützen Antikörper, Fress- und Killerzellen. Beta-Glucane aus der Hefezelle sind derzeit Forscherlieblinge, sie aktivieren wie kaum etwas anderes das Immunsystem.

4. Phytomedizin

Darunter subsummiert man die Wirkstoffe in Pflanzen, die Bakterien töten, vor Krebs schützen, Entzündungen hemmen, die unsere Zellen vor freien Radikalen feien und die Abwehrkräfte stärken. Sie alle tun uns also gut, unserer Gesundheit und unserem Gewicht. Um Vielfalt zu tanken, einfach öfters Sorten und Farben wechseln und täglich einen anderen Smoothie trinken. Und: Auch im Kern steckt Medizin.

5. Entzündungshemmer

Omega-3-Fettsäuren hemmen als Vorstufe der guten Prostaglandine Entzündungen. Das tut Ingwer auch und ebenso die Aminosäure Arginin aus Nüssen. Wie immer: Alles drin im Smoothie, was wir brauchen.

Der klassische Immunsmoothie

Wer spürt, dass eine Erkältung im Anmarsch ist, wer im Stress ist und sein Immunsystem schützen möchte, der kann sich zwei bis drei Tage lang morgens mit diesem Immunsmoothie gegen Viren wappnen.

NoCarb

DER IMMUNSMOOTHIE

125 g Heidelbeeren (frisch oder TK) | ½ rosa Grapefruit | 2 Brokkoliröschen | 50 g junger Blattspinat oder Feldsalat | 1½ EL Immunelixier (siehe rechts) | 1 TL Matchapulver | 2 TL Leinöl | 150 ml Kokoswasser

Für 2 Portionen à ca. 250 ml | Zubereitung: 10 Min.
Pro Portion: ca. 3 g EW, 7 g F, 10 g KH

1 Frische Heidelbeeren kurz abbrausen und verlesen, tiefgekühlte Beeren antauen lassen. Die Grapefruit schälen und klein schneiden. Die Brokkoliröschen waschen und ebenfalls klein schneiden. Den Spinat oder Feldsalat waschen, abtropfen lassen und verlesen. Alle vorbereiteten Zutaten in den Mixer geben.

2 Dann Immunelixier, Matcha und Leinöl hinzufügen und mit dem Kokoswasser aufgießen. Den Mixer kurz auf kleiner Stufe starten, dann alles auf höchster Stufe cremig pürieren.

ALGES IMMUNELIXIER

20 g Ingwer | 6 Salbeiblätter | 6 bis 8 Zweige Zitronenthymian | 1 EL Birkenblätter-Elixier (Bioladen)

1 Ingwer schälen und würfeln. Salbei und Zitronenthymian abbrausen, trocken schütteln und die Blättchen von den Stielen zupfen.

2 Alles mit 100 ml Wasser in einem kleinen Topf aufkochen. Vom Herd nehmen, mit Birkenblätter-Elixier süßen. Heiß in ein kleines Twist-off-Glas füllen, verschließen und abkühlen lassen. Hält sich im Kühlschrank zwei Tage.

EIN SMOOTHIEGESUNDER DARM HÄLT SCHLANK

Inder, Chinesen, Ägypter und Babylonier ließen vor 8 000 Jahren schon nichts verkommen – und den Wein, das Bier an der Luft zu Essig vergären. Freilich hatte man damals noch keine Ahnung, was da chemisch abläuft, keine Ahnung von Fermentationsguru Sandor Ellix Katz und seinem Wissen von der »Kunst des Fermentierens«, mit der er ewig die New-York-Times-Bestsellerliste anführte.

Mikrobielle Kulturen sind für die Abläufe des Lebens unverzichtbar. Bakterien helfen uns verdauen, stärken unser Immunsystem und sie können »außergewöhnliche kulinarische Transformationen« geschehen lassen. Dann entsteht Essig oder Schwedenmilch, Sauerkraut oder Brottrunk, Kombucha ... Die dafür Verantwortlichen, einzellige Symbionten, entdeckte Louis Pasteur 1864. Fermentiertes ist Leben pur und entsteht durch die emsige Tätigkeit dieser wundervollen Bakterien. Und Fermentiertes ist gesund. Vor allem für den Darm. Darum ist es gerade weltweit im Trend, alles zum Fermentieren zu bringen, was uns so unter die Finger kommt. Nun, es lohnt sich. Es geht total einfach ▶ siehe Seite 73 und es schmeckt lecker und macht schlank.

Unsere Darmflora ...

... besteht aus Trillionen von Bakterien. Diese steuern unseren Energiestoffwechsel. Neu ist auch der Zusammenhang zum Übergewicht nicht. In der Fachzeitschrift »Nature« wurde bereits vor ein paar Jahren publiziert: Übergewichtige haben eine verringerte Artenvielfalt im Darm, ein Fakt, an dem man weiterforschte. Freilich mussten die armen Mäuslein herhalten. Aber nicht nur die … Man stellte fest, dass sich dünne Labormäuslein in dicke Brummer verwandeln, wenn man ihnen die Darmbakterien dicker Mäuse verabreicht. Dieses Experiment musste auch eine chronisch darmkranke Mama über sich ergehen lassen, die mit den Darmbakterien ihrer Tochter zwar gesund, aber leider auch sehr, sehr dick wurde.

Man sollte wirklich nicht auf die Idee kommen, selbst eine Darmbakterien-Transplantation auszuprobieren. Das tun einige – mit dubiosen Anleitungen aus dem Internet. Finger weg! Den Darm kann man völlig gefahrenfrei sanieren: über die Nahrung.

Artgerecht bewohnt?

Heute wissen wir: Schuld an ganz vielen Zipperlein, von Übergewicht und Allergie über Migräne bis hin zu Rheuma, hat eine nicht artgerechte Population in den verborgenen Kanälen unserer Existenz. Ein unharmonisch agierendes Mikrobiom. Beispielsweise eine Überpopulation an Fäulniserregern, Moppelbakterien oder Entzündungsverursachern … Wie kommt es dazu? Wenn Sie viel Junkfood essen, häufiger Antibiotika genommen haben (anti-biotisch gilt leider auch für die guten Bakterien im Darm) oder durch einen Kaiserschnitt das Licht der Welt erblickten (ohne Mamas natürliche Darmimpfung mit Laktobazillen), dann ist die Wahrscheinlichkeit groß, dass es eher unharmonisch zugeht in Ihren Gedärmen. Es wäre also kein Wunder, wenn Sie unter einer Allergie oder Unverträglichkeit leiden, ständig müde sind, die Gelenke schmerzen oder Sie Probleme mit dem Gewicht haben. Höchste Zeit für den Smoothie – denn der hilft auch dem Darm.

Löcher im Darm?

Bakterien schützen unsere empfindliche Darmschleimhaut vor Zerstörung. Eine gesunde Population heißt: keine Entzündungen, die Löcher in die Darmwand ätzen. Die durchlässig machen für Stoffe, die so nicht ins Blut gehören, zu Lebensmittelunverträglichkeiten führen und krank machen. Unter dem Leaky-gut-Syndrom versteht man eine durchlässige Darmschleimhaut. Kombiniert mit schwelenden entzündlichen Reaktionen. »Leaky gut« kennt hier kaum ein Arzt. Anders in den USA. Dort ist es ein Top-Thema. Denn mit den Löchern im Darm hat man auf einmal die gemeinsame Ursache für viele, oft unerklärliche Krankheiten. Therapiert man die durchlässige Darmschleimhaut, verschwinden die Müdigkeit, die Konzentrationsschwäche, die Trägheit, der Blähbauch, das Asthma, das Hautekzem, das Rheuma … Ach ja: Und die überflüssigen Kilos machen sich natürlich auch davon.

Gute Futterverwerter

Übergewichtige haben vermehrt Firmicutes-Bakterien im Vergleich zur Bacteroidetes-Population schlanker Menschen. Das beeinflusst die Verdauung von Fett und Stärke und macht zum besseren Futterverwerter. Woran liegt das? Die Forscher vermuten hierbei eine zu geringe Eiweißzufuhr. Darmbakterien können übrigens auch die Produktion von Hormonen anregen, welche Diabetes stoppen. Ein gesundes Gleichgewicht an Darmbakterien schützt uns also vor diesem Leiden. Und damit einmal mehr vor Übergewicht.

Gute Bakterien – gute Laune

Wer sich von stark verarbeiteten Produkten ernährt, reduziert seine Bakterienvielfalt. Wer sein Essen selbst zubereitet, auf Gemüse und Eiweiß achtet, hat eine wunderbare

Population dort unten. Denn sicher ist: Unser Essen bestimmt maßgeblich die Zusammensetzung des Mikrobioms.

»Der Darm ist die Wurzel der Pflanze Mensch.«

FRANZ XAVER MAYR

Heute wissen die Forscher: Das Mikrobiom wirkt nicht nur auf das Körpergewicht, sondern auch auf unser Verhalten, die Stimmung, die geistige Leistung – und somit auf die Energie, mit der wir den Tag meistern. Denn der Darm kommuniziert mit dem Hirn. Das Mikrobiom stellt Tausende biologisch aktive Substanzen her, wie die Nervenbotenstoffe GABA, Dopamin, Serotonin, Noradrenalin und Acetylcholin. Also genau das, was uns zufrieden stimmt, was Freude und Konzentration weckt. Heute erst ahnen wir, wie stark unsere Darmflora mit der mentalen Gesundheit zusammenhängt. Wir begreifen, warum ein Morgensmoothie glücklich macht – für den ganzen Tag.

Rohes Ei & Kaffeeasche

Kürzlich bin ich auf ein eigentümliches Rezept gegen den löchrigen Darm gestoßen: Ein Eigelb vom Eiweiß trennen und mit einem Teelöffel Schneckenkaviar in etwas Olivenöl anrichten. Echt? Stopft das wirklich Löcher im Darm? Tut's. Von wissenschaftlicher Seite gesehen wirkt das sehr wohl. Das rohe Ei alleine reicht aber auch, den Schneckenkaviar braucht man nicht unbedingt.

»Raw« im Trend

Rohkost boomt. Und damit zieht auch das rohe Ei wieder in unser Leben ein. Sogar morgens im Smoothie. Tödlich? Keineswegs. Das rohe Ei hat uns nie umgebracht. Jahrtausendelang nicht. Da hat es uns mit wertvollsten Aminosäuren, Lezithin, Vitamin D, B-Vitaminen, Enzymen – sprich mit Energie und Gesundheit versorgt. Bis zur Massentierhaltung. Mit der kamen die Salmonellen dazu, und die brachten uns um. Das rohe Ei bekam den Stempel »lebensgefährlich«.

Ein bisschen Bioei-PR

Dass uns das Cholesterin vom Ei nicht umbringt, spricht sich langsam herum. Dass das rohe Ei uns nicht umbringt, bedarf noch einiger PR-Arbeit. Also: Im Ei innen steckt keine Salmonelle. Auf der Schale möglicherweise schon, allerdings ist auch das eher unwahrscheinlich, wenn es sich um ein sehr sauberes Bioei handelt, das unter sieben Grad gelagert wird, bis man es verwendet, und zwar möglichst frisch, binnen zehn Tagen nach dem Legen.

Wie gesagt: Das rohe Ei versorgt uns mit Gesundheit. Nicht unbedingt in der Ma-

yonnaise, im Eis, im Tiramisu oder im Cocktail an der Bar – ganz sicher aber im Gemüsecocktail. Vor Biotinmangel durch das viele Avidin aus den Eiern muss sich nur fürchten, wer sich wie der Bodybuilder morgens fünf rohe Eier in den Drink gibt und nicht gleichzeitig auf sein Schönheitsvitamin Biotin achtet. Das tut man zum Beispiel mit Hirseflocken oder Walnüssen.

Und die Kaffeeasche?

Einer der neuesten Trends ist es, Kohlepulver in den Smoothie zu geben. »Muss das sein, Frau Grillparzer? Das hab ich doch als Kind immer gegen Durchfall gekriegt.« Ja, damit hab ich schon so manchen überrascht. Aktivkohlepulver, Kaffeeasche oder auch verbrannte Birke wirkt wie ein Giftschwamm und kann zum Reinigen des Darmes eingesetzt werden. Durch die löchrige Oberfläche der Mikroporen können Substanzen wie bakerielle Giftstoffe angezogen und entfernt werden. Kohlepulver hat eine lindernde Wirkung auf Entzündungen und heilt die Darmschleimhaut. Zwei Teelöffel im Liter Wasser filtern Chlor heraus und reichern es mit Magnesium und Kalzium an. Die Asiaten bescheinigen einer Einnahme der Kohle einen verbesserten Energiefluss. Und Zahnpastahersteller nutzen sie für ein weißes Lächeln. In der Kleinkinderdosis von 10 bis 30 Gramm am Tag hat sie keine Nebenwirkungen. Probieren Sie es aus, fragen Sie in der Apotheke.

SMOOTHIEDÜNGER FÜR DEN DARM

Püriert man Obst, grüne Blätter, Nüsse und Co. im Mixer, dann übernimmt der die Vorverdauung. Der Smoothie rauscht schnell durch den Magen (ohne dass die wertvollen Enzyme zerstört werden) und schafft im Darm ein basisches Milieu. Er putzt ihn durch und verbessert die Bakterienflora: Er forstet die Darmflora auf – mit den guten Bakterien.

Proteinpower

Ohne Eiweiß geht die Darmfunktion flöten. Diese Erkenntnis ist neu! Pflanzeneiweiß aus dem Smoothie ist besonders gut verwertbar. Besonders eiweißreich und gleichzeitig gut für den Darm sind die Smoothies mit fermentierter Milch wie Schwedenmilch, Kefir oder Joghurt. Oder: die Smoothies mit rohem Ei. Veganer nehmen Lupinenjoghurt, Nussmilch, Samen, Sprossen oder ein veganes Proteinpulver.

Darmpflaster

Die Darmwand, das Epithel, muss wie alle Schleimhäute ständig mithilfe von Aminosäuren erneuert werden. L-Glutamin behebt Schäden in der Schleimhaut, wirkt Entzündungen entgegen. Es wirkt entgiftend, besonders, wenn der Körper übersäuert ist. L-Glutamin steckt in Chiasamen, Nüssen, Mandeln, eben im Darmsmoothie. Für Problemfälle gibt es ein Pulver in der Apotheke.

Präbiotika

Wenn im Darm gute Bakterien wohnen, dann kann man sie ganz einfach vermehren: mit Präbiotika, Ballaststoffen wie Inulin oder Oligofructose aus Gemüse und Früchten. Präbiotika können nur von den guten Bakterien gefressen werden. Das macht sie kräftiger und sie erobern sich den Darm vollends zurück. Ganz besonders viel steckt in Topinambur, Chicorée, Löwenzahn, Lauch, Zwiebeln.

Probiotika

Mikroorganismen des Joghurts, des Sauerkrauts, der Schwedenmilch, des Kwass sind die Lieblinge in der Erforschung der Nutraceuticals – also der Bestandteile unseres Essens, die einen therapeutischen Nutzen haben. Studien zeigen: Fermentiertes optimiert mit seinen Bakterien die Darmflora und stärkt das Immunsystem. Das verbessert die Laune und weckt chronisch Müde auf.

Rundum-darmgesund-Smoothie

Ein gesunder Darm beherbergt die Bakterien, die uns schlank halten. Er schützt vor Diabetes und stärkt auch noch das Immunsystem. Nachweislich macht uns der optimal besiedelte Darm zufrieden und fröhlich – auch das kommt der Figur zugute. Und: Ein gesunder Darm feit uns vor Lebensmittelunverträglichkeiten, die erwiesenermaßen dick machen können.

MAGIC-BLACK-SMOOTHIE

4 EL Sauerkraut | 1 säuerlicher Apfel (z. B. Boskoop) | 1 Chicorée (80 g) | 1 TL Fenchelsamen | 2 EL Mandelmus | 1 EL Chiasamen-Gel (siehe Seite 89) | 1 gehäufter TL Kohlepulver (z. B. Kaffeekohle aus der Apotheke) | 1 frisches Bioei (Größe M) | 200 ml Brottrunk

Für 2 Portionen à ca. 350 ml |
Zubereitung: 10 Min.
Pro Portion: ca. 9 g EW, 15 g F, 13 g KH

1 Das Sauerkraut in den Mixer füllen. Den Apfel waschen, achteln, Stiel und Blütenansatz entfernen, Kerngehäuse belassen. Chicorée putzen, in grobe Stücke schneiden. Die Fenchelsamen im Mörser zerstoßen. Mit den Apfel- und Chicoréestücken, Mandelmus, Chiasamen-Gel und Kohlepulver in den Mixer geben.

2 Das Ei aufschlagen und mit dem Brottrunk zu den anderen Zutaten in den Mixer geben. Das Ganze kurz auf niedriger Stufe mixen, dann auf höchster Stufe 2 bis 3 Min. weitermixen.

WECKSIGNAL FÜR SATT-HORMONE

Schon mal Cortison genommen? Und das kleine Mondgesicht im Spiegel gesehen? Den Irrsinnshunger gespürt? Dann ist Ihnen die folgende These nicht fremd: Hormone machen dick. Hormone machen schlank. Man muss nur wissen, wie man das biochemische Gleichgewicht zu seinen Gunsten steuert. In Richtung Fettverbrennung. Leptin ist unser Ich-bin-satt-Hormon, das dem Gehirn Bescheid gibt: »Genug Steak!

Das reicht!« Die meisten Übergewichtigen und auch viele Normalgewichtige leiden aber unter Leptinresistenz. Es ist zwar da, aber es wirkt nicht. Symptome: viel Appetit, Heißhunger auf Kohlenhydrate, Gewichtszunahme. Diese Menschen haben also viel Leptin im Blut, aber das Gehirn reagiert nicht darauf. Dafür gibt es zwei Hauptursachen: Stresshormone und Blutzuckerhormone. Das Satt-Gefühl kommt nie im Kopf an.

Stress aus, Leptin an!

Leptinresistenz kann man fühlen. Ganz einfach: Man hat ständig irgendwie Hunger. Und man fühlt es am Griff an den Bauch. Zu viel Bauch heißt meistens Leptinresistenz. Die kann man auch messen, mit dem bereits erwähnten hs-CRP-Test (der auch die schwelenden Entzündungen im Körper aufdeckt) oder über eine Cortisolmessung im Speichel (der Test, der chronischen Stress aufspürt). Oxidativer Stress und seelischer Stress machen uns leptinresistent. Wer Stress abbaut, im Körper mit Vitalstoffen und im Kopf mit Bewegung und beispielsweise Meditation, legt schon mal einen Schalter um und sorgt so dafür, dass die Leptinsensitivität wiederhergestellt wird.

Stress, Depression, Entzündungen ...

Wenn man zu viele Kalorien spart oder wenn ein lebenswichtiger Nährstoff fehlt, dann erschrickt der Körper und sein Urprogramm denkt: »Vorsicht, jetzt kommt der karge Winter!« Er drosselt den Stoffwechsel und verbrennt in Ruhe nur noch 600 Kalorien statt der üblichen 1 800. Kaloriensparmaßnahmen sieht der Körper also als Not an. Das macht Heißhunger. Er zwingt uns zu essen, obwohl er zugleich weniger Kalorien verbraucht. Das macht dick. Und unglücklich. Wir nennen es Jo-Jo-Effekt. Diät heißt Stress und ist das Gegenteil von Fatburner.

Nur Biochemie

Schüttet der Körper Stresshormone aus, bauen die ganz schnell die Zuckervorräte ab und schicken sie ins Blut. Der Blutzucker steigt. Damit auch das Insulin, und dieses Hormon stoppt den Fettabbau. Es lässt den Blutzucker schnell wieder sinken. Das

INFO

WERTE MESSEN

Entzündungen, entgleister Blutzucker, fehlende Nervenbotenstoffe, Trägheit ... Wenn Sie wissen, wie es in Ihrem Körper aussieht, dann sind Sie viel eher bereit, auch etwas gegen Ihre Alltagsleiden zu tun. Folgendes lohnt, mal vom Hausarzt prüfen zu lassen: Das hs-C-reaktive Protein steigt bei Entzündungen im Körper an. Zielbereich: unter 1 mg / l. Per Speicheltest kann man den Cortisolspiegel messen. Er sollte morgens zwischen 11 und 28 nmol/l liegen. Aussagekräftiger sind vier Proben über den Tag verteilt. Gut, wenn der Wert in der Tagessumme zwischen 17 und 39 nmol / l liegt. Und das Insulin? Der Nüchternblutzucker sollte unter 100 mg/dl liegen. Und das Blutzuckergedächtnis, der HbA1c-Wert, sollte unter 6 Prozent sein.

macht Heißhunger. Stress trägt auf wie der Familienbecher Eiscreme. Dick machende Stresshormone ackern am Fließband genauso wie in der Führungsetage. Ein Dasein in Hektik, gespickt mit negativen Gedanken, schiebt uns die Schutzschicht-Pfunde auf die Hüften und löst über kurz oder lang Entzündungen im Körper aus. Und diese machen uns über die Biochemie der Nervenbotenstoffe auch noch depressiv.

Dagegen kann man etwas tun. Man kann beispielsweise auf eine Insel gehen und von Kokosnüssen leben. Oder man kann im Hier und Jetzt etwas verändern. Hier die Kokosnuss essen, Omega-3-haltige Lebensmittel in den täglichen Speiseplan einbauen. Nervennahrung parat haben. Und Sie ahnen es bereits: Ideal sind sie in Form eines Smoothies. Wenn Sie morgens also schon wissen, dass am Mittag ein stressiges Treffen mit der Schwiegermutter bevorsteht, dann packen Sie sich einen entspannenden Smoothie mit Kokoswasser, Chiasamen, grünem Tee oder Kakao ein. Lassen Sie sich nicht vom Stress zum Bäcker jagen, atmen Sie tief durch und lächeln Sie smooth.

Blutzucker runter, Leptin rauf!

Auch ein ständig hoher Insulinspiegel trägt zur Leptinresistenz bei. Insulin ist unser Blutzuckerhormon, das die Bauchspeicheldrüse ausschüttet, sobald wir süße Früchte, Brot, Kartoffeln oder Nudeln, also Kohlenhydrate essen. Essen wir sie in verarbeiteter Form – als Zucker, Kartoffelstärke, Weißmehl –, schüttet die Bauchspeicheldrüse besonders viel Insulin ins Blut, das die Zuckermoleküle zum Verbrennen zu den kleinen Kraftwerken in die Zelle schickt. Sie wissen von Seite 28: Sobald Insulin im Blut ist, stoppt die Lipolyse, die Fettverbrennung. Das ist mitunter den ganzen Tag über der Fall, wenn wir von morgens bis abends schnelle Kohlenhydrate essen, also Nahrungsmittel mit hohem GLYX. Wenn der Körper wenig Fett verbrennt, aber immer viel Leptin da ist, lässt sich das Gehirn irgendwann nicht mehr veräppeln: Es hört nicht mehr auf die Satt-Meldungen des Hormons. Wir bleiben hungrig und essen weiter.

Den Genen zuliebe …

Unsere Gene mögen nur Eiweiß und Fett in großen Portionen. Eine ganze Evolution lang hat der Mensch fast nur von Eiweiß und Fett gelebt. Nie war Fett mit Kohlenhydraten kombiniert. Nur ganz wenige Kohlenhydrate steckten in Gräsern, Wurzeln, Beeren. Und den Honig wilder Bienen gab es eher selten. Dann ließ sich der Mensch vor 8 000 Jahren zum Ackerbau nieder. Durch den Anbau von Getreide stieg der Kohlenhydratgehalt im Essen drastisch. Und mit dem Anbau von Zuckerrüben im 18. Jahrhundert wurde alles immer süßer. Das Getreide-Zucker-Fett-Frühstück wurde erfunden: Butterbrot mit Marmelade, Müsli mit Schoko, Croissants … Schon morgens wird Insulin gelockt. Das Leptin verliert mit jeder Cornflakes-Schüssel, jedem Müsli, jedem Toastbrot an Wirkungskraft.

… im Fettverbrennungsmodus bleiben

Ein weiterer Schalter für den Lepinreset ist folglich dieser: unbedingt GLYX-niedrig frühstücken. Damit man nicht schon morgens in die Fettspeicher-Heißhungerfalle tappt, kommen nur Lebensmittel, die wenig Insulin hervorlocken, auf den Tisch: kaum Zucker, kein Weißmehl, keine Cornflakes, kein Müsli, keine Kekse, kein Marmeladenbrot. Die Alternative ist ein Fatburner-Smoothie. Und der darf ruhig eine gute Portion essenzielle Nussfettsäuren enthalten oder mit Kokosöl satt machen. Wenig Kalorien wollen wir nicht. Wir wollen nur: wenig Zucker, wenig Stärke.

Bitte bitter!

Ich knabber immer mal wieder eine Kakaobohne. Nein, das hat auch mir nicht von Anfang an gemundet. Mein Feldsalat kommt aus der Biokiste und schmeckt auch ziemlich bitter. Das tut der aus dem Supermarkt nicht. Dumm für die Figur. Denn Bitterstoffe sind exzellente Appetitzügler, harmonisieren den Säure-Basen-Haushalt des Körpers und regen Stoffwechsel und Verdauung an.

Bitteres Gemüse wie Chicorée zügelt den Appetit und kurbelt den Stoffwechsel an.

Prof. Gundolf Keil, Würzburger Arzt und Medizinhistoriker, bringt es auf den Punkt: »Würden wir mehr Bitteres verzehren, hätten wir weniger Gewichtsprobleme.« Wir knabbern eine Kakaobohne, essen einen Chicorée und die Bitterrezeptoren von der Zunge geben ihr Signal ans Gehirn: »Appetit zügeln!« In einer Studie erhielten 520 übergewichtige Frauen und Männer drei Monate lang zur gewohnten Kost ein bitterstoffreiches Konzentrat aus Wildkräutern. Sie verloren im Durchschnitt 4,1 Kilogramm, einfach weil sie weniger aßen. Der intensive Geschmack lässt die Verdauungssäfte schnell fließen, wir verwerten unser Essen besser – und es macht uns auch schneller satt. Bitter regt das vegetative Nervensystem an, bringt den Stoffwechsel in Schwung, lässt Magen und Darm kräftig ar-

Bitterstoffe gesucht? Warum nicht Kakaobohnen mitmixen lassen – oder knabbern?

Der Weg zu mehr Bitterstoffen

Gemüse und Obst in Bioqualität kaufen, das
ist der einfachste Weg. Hier gibt es alte
Züchtungen, die noch Bitterstoffe enthalten
– weil sich die Pflanze damit gegen Feinde
schützt: Das erspart Pestizide.

Grüntee erzieht die Geschmackspapillen
dazu, auch wieder bitter zu mögen. Natürlich bitter im Smoothie sind Artischocken,
Kohlrabiblätter, Endivien, Brokkoli, Radicchio und Chicorée. Sie enthalten noch viel
von den Bitterstoffen namens Glucosinolate.
Auch Wildpflanzen wie Bärlauch, Brunnenkresse, Brennnessel, Löwenzahn, Rucola,
Sauerampfer oder Kerbel machen den
Smoothie zur Bittermedizin. Wildkräuter
gibt's mittlerweile sogar im Supermarkt,
frisch oder getrocknet. Auch die Grapefruit
und die Kakaobohnen liefern im Smoothie
Bitteres. Genauso wie alte Apfelsorten. Der
Test lohnt: Kraftvoll reinbeißen. Wenn sich
alles zusammenzieht, dann stecken noch
Bitterstoffe drin. Reich daran sind beispielsweise Boskoop, Rote Sternrenette, Finken-
werder Herbstprinz, Purpurroter Cousinot.
Man darf ruhig die Verkäufer im Bioladen
darauf ansprechen.

Man kann auch mit den bitteren Appetitzüg-
lern würzen: Beifuß, Bockshornklee, Estra-
gon, Korianderblätter, Kurkuma, Majoran,
Oregano oder Salbei. Sogar Naturjoghurt
oder Kefir im Smoothie füllen unser Bitter-
konto auf. Milchsäurebakterien erzeugen
nämlich Eiweißstoffe, die bitter schmecken.

beiten. Bitterstoffe wirken leicht abführend,
beugen Blähungen vor und hemmen
Gärungs- und Fäulnisprozesse im Darm.
Sie fördern auf sanfte Weise die Ausscheidung von Giftstoffen und Wasseransamm-
lungen. Eine Drei-Wochen-Bitterstoffkur
regeneriert alle Verdauungsorgane. Darum
knabbert das Lamm bittere Kräuter wie die
Schafgarbe, wenn das Bäuchlein grummelt.
Bitterstoffe helfen uns also – auf den Punkt
gebracht – auch dabei, dass wir das Sattsein
wieder lernen. Sie sorgen für einen schnel-
len Leptinreset.

Weniger Stress, mehr Glück mit Tryptophan

Wird die Kuh einseitig mit Getreide gefüttert, hat sie zu wenig vom Eiweißbaustein Tryptophan. Sie gibt kaum mehr Milch. Weniger Trypotphan heißt weniger Substanz für Serotonin – und damit mehr Traurigkeit, mehr depressive Verstimmungen. Die setzen den Körper unter Stress. Der kluge Bauer gibt der Kuh dann Tryptophan. Auch unser Körper bildet Serotonin aus diesem Eiweiß-baustein mithilfe von Vitamin B_6. Unser Glück, unsere Zufriedenheit konkurrieren aber leider mit dem Immunsystem. Das verbraucht nämlich den Großteil von Tryptophan, wenn wir irgendwo eine Entzündung haben. Besonders bei einer chronischen Entzündung bleibt nicht genug für die Bildung des Serotonins übrig. Das macht traurig und schlaflos, das ist Stress pur. Es fördert Entzündungen und macht dick.

Wenn wir nun den Smoothie mit Tryptophan anreichern, haben wir Stoff für mehr Serotonin … und einen Schleudersitz aus dem Teufelskreis. Was liefert Tryptophan? Viel steckt in Nüssen, Kernen, Samen, Lupinen, Milchprodukten, Eiern, sehr viel in Kakao. Wir können auch die Darmbakterien nutzen. Sie bilden nämlich aus Chinasäure Tryptophan und machen uns damit glücklich. Viel Chinasäure enthalten zum Beispiel Heidelbeeren, Kiwis, Cranberrys, Preiselbeeren, Pflaumen und Pfirsiche.

Zum Glück gibt's Tee & Gewürze

Gewürze wie Zimt und Muskat, aber auch Scharfes wie Chili und Pfeffer fördern das Wohlbefinden und regen den Fettstoffwechsel an. Wer im Winter besonders intensiv würzt, kommt mit weniger Süßem aus. Zimt und Kardamom im Smoothie ersparen Kuchen und Kekse. Auch Tee puscht das Serotonin ein wenig. Ebenso hilft Kaffee, den Serotoninspiegel hochzuhalten: grüner Kaffee im Smoothie ▸ siehe Seite 86.

TIPP

DIE KAKAOBOHNEN

Es gibt keine Schlankmedizin, die die Natur nicht in optimaler Form herstellt. Da macht man sich täglich Gedanken um seine Bitterstoffe (schließlich Basis für optimale Darmfunktion, Verdauung, Fettverbrennung), dabei müsste man nur ein paar Böhnchen knabbern. Die Kakaobohne gibt es fermentiert und schonend getrocknet. Schon mal probiert? Ein wenig gewöhnungsbedürftig. Logisch. Bitter hat man uns ja abgewöhnt. Aber: Sie hält jung, schützt das Herz und stählt das Immunsystem. Und wer sie nicht knabbern mag, der gibt sie eben in den Smoothie!

WAS TUT DER SMOOTHIE FÜR DEN LEPTINRESET?

Auf gleich fünffache Weise sorgt der Fatburner-Smoothie dafür, dass unser Gehirn die Satt-Rufe des Leptins wieder erhört, weil er sowohl den Insulinspiegel als auch die Stresshormone positiv beeinflusst.

1. GLYX-Gemüse

Jede Portion Gemüse macht uns mit ihrem niedrigen GLYX wieder sensibler für Leptin. GLYX-hoch kommt in der Gemüsenatur nur selten vor, in Form von stärkereichen Wurzeln: Kartoffeln, Rüben, Möhren. Und die landen selten im Smoothie.

2. Möglichst saisonale Früchte

Äpfel, Aprikosen, Birnen, Beeren, Pflaumen, Pfirsiche, Zitrusfrüchte locken kaum Insulin. Süßkirschen oder Trauben tun es nur einen Monat lang, zu ihrer Reifezeit. Dann nur eine kleine Portion zum Süßen verwenden. Genauso: Bananen, Ananas, Melonen, Datteln. Das sind eher die Süß-Stoffe.

3. Zutaten, die insulinsensibel machen

Bitterstoffe aus Kakao, Wildkräutern und Kresse senken den Blutzuckerspiegel. Chiasamen, Mandeln, Pekannüsse, Walnüsse und Co. regulieren mit wertvollen Omega-3-Fettsäuren den Blutzuckerspiegel. Erdmandeln süßen basisch und senken den Blutzucker. Auch Zimt beugt nachweislich zu hohem Insulinspiegel, Übergewicht und Diabetes vor. Der Ballaststoff Pektin aus dem Apfel, der vor allem in der Schale steckt, reguliert den Blutzuckerspiegel herunter, ebenso die Mannoheptulose der Avocado. Und die Grapefruit lindert Insulinresistenz genauso wie Essig.

4. Kein Diätstress

Eine falsche Diät ist Stress für Körper und Geist. Fehlen uns lebenswichtige Aminosäuren, Fettsäuren, Mineralien, Biostoffe der Pflanze, Vitamine, dann bildet der Körper zu wenig von den Zufriedenheitsstoffen Serotonin und Dopamin. Das heißt: Das unzufriedene Gehirn will mehr und schürt den Hunger. Der Körper schüttet zudem Stresshormone aus. Die erhöhen den Blutzucker, das stoppt die Fettverbrennung. Auch darum wirkt ein ausgeklügelter Smoothie als

Fatburner. Er versorgt mit allem, was der Körper braucht. Auch mit Kalorien, denn zu wenige drosseln den Fettstoffwechsel.

5. Omega-3-Quellen

Fehlt Omega-3, macht das über mehrere biochemische Stoffwechselschritte auch resistent gegen Insulin und Leptin. Darum liefert jeder Fatburner-Smoothie Omega-3-Fette: Chiasamen, Leinsamen oder -öl, Arganöl, Hanföl, Nüsse. Kokosöl hat zwar kein Omega-3, macht aber das Gehirn satt.

Der Smoothie für den Leptinreset

Low-Carb, High-Fat, vitalstoffreich, bitter – und trotzdem superlecker. Mit diesem Smoothie bringt man das Leptin wieder dazu, einen satt und glücklich zu machen.

WILDKRÄUTER-LEPTINRESET-DRINK

1 säuerlicher Apfel (z. B. Boskoop) | 150 g gemischte Beeren (Heidel-, Him-, Erdbeeren) | 2 EL Chiasamen-Gel (Seite 89) | 80 g Wildkräutermischung (z. B. Sauerampfer, Schafgarbe, Spitzwegerich, Vogelmiere) oder Kresse | 1 TL flüssiger Akazienhonig | 1 EL schwach entöltes Kakaopulver | 1 EL Kokosraspel | 1 Stück Vanilleschote (ca. 1 cm) | ¼ TL Zimtpulver | 200 ml Schwedenmilch | 2 EL Erbseneiweißpulver

Für 2 Portionen à ca. 250 ml | Zubereitung: 20 Min. | Einweichen: 2 Std. Pro Portion: ca. 18 g EW, 15 g F, 20 g KH

1 Den Apfel waschen und achteln, Stiel und Blütenansatz entfernen, das Kerngehäuse belassen. Die Beeren kurz abbrausen, verlesen, Erdbeeren putzen und vierteln. Alle Früchte mit dem Chiasamen-Gel in den Mixer geben.
2 Wildkräuter oder Kresse waschen, abtropfen lassen, verlesen, in den Mixer geben, Honig, Kakaopulver, Kokosraspel, Vanilleschote und Zimt hinzufügen. Die Schwedenmilch, das Eiweißpulver und 100 ml Wasser dazugeben. Den Mixer kurz auf kleiner Stufe starten, dann alles auf höchster Stufe cremig pürieren.

JETZT GEHT'S RUND

MIT ETWAS ALCHEMISCHEM WISSEN ÜBER DIE ZUTATEN UND EIN WENIG AHNUNG VON DER PRAXIS MUTIEREN SIE IN KÜRZESTER ZEIT ZUM GENIALEN SMOOTHISTEN. MIXEN SIE FRÖHLICH DRAUFLOS – UND LASSEN SIE SICH VON UNSEREN LECKEREN REZEPTEN INSPIRIEREN.

Smooth, vital und schlank leben **58**

Big Five – die kommen in den Mixer **66**

Smoothies für mehr Energie **94**

Smoothies für ein top Immunsystem **100**

Smoothies für den Darm **108**

Smoothies für die Satt-Hormone **116**

SMOOTH, VITAL UND SCHLANK LEBEN

Smoothen ist ein Spiel. Erst lässt man sich von den Rezepten inspirieren, dann smootht man eigenständig drauflos. Freilich, am Anfang tut's schon noch der Pürierstab. Aber wer zum Smoothisten wird, der hat irgendwann einen leistungsstarken Mixer in der Küche stehen, der die pflanzlichen Zellwände so fein zertrümmert, dass er sofort an die Naturmedizin rankommt. Und damit geht's erst richtig los: Dann pflückt man im Garten oder auf der Wiese, plündert den Hofladen oder die Bioecke im Supermarkt. Denn so ein Smoothie schießt all seine Zutaten sofort ins Blut, da möchte man keine Pestizide und Schwermetalle dabei haben.

Wer keine Zeit zum Einkaufen hat, für den kommt die Ökokiste einmal die Woche vor die Türe und hat all das im Bauch, was gerade Saison hat. Smooth zu leben ist leicht und unbeschwert – probieren Sie's aus!

Echte Smoothisten leben so

Heute hat es 33 Grad. Die Füße stecken in einer rosaroten Plastikschüssel. Das Gehirn denkt nur: »Eis. Ich will ein Eis!« Leider hab ich heute Morgen vergessen, die Erdbeeren zu putzen und in die Tiefkühlung zu tun. Nun muss ich zwei, drei Stunden warten, bis sie so gefroren sind, dass sie im Mixer ihre Kälte explosionsartig an den Joghurt abgeben, ihn schockgefrieren – und mir einen Joghurt-Eis-Smoothie machen. Darum parke ich meine Füße in Eiswasser. Aber das hilft nicht so gut wie ein Erdbeereis-Minze-Smoothie. Aus folgenden edlen und unschlagbar leckeren Zutaten: Erdbeeren, Minze, Mascobado (Vollrohrzucker), Joghurt, Bitterschokosplitter. Dieses Eis macht nicht dick. Sondern schlank. Man isst es mit Genuss. Mit Lebensfreude.

Ein Smoothie für alle Lebenslagen

Nehmen wir einen typischen grillparzerschen Morgen: Aufwachen. Nur eben nicht wirklich wach sein. Runter in die Küche stolpern. Welche Weckmittel habe ich denn gerade da? Avocado – mit Kern. Apfel, eine Dattel zum Süßen, Wildkräuter … Hmm, dann noch einen Wachmacherlöffel Matchapulver. Zwei Handvoll Feldsalat. Wunderbar. Ein Stück Ingwer, ein Löffelchen Kokosöl, alles mit Brottrunk aufmixen. Wummm. Das schießt energetisch wie ein Blitz in 70 Billionen Körperzellen.

Oder folgendes Szenario: Dad übernachtet bei uns. Mit ner Super-Erkältung. Und seine Frau achtet gerade auf die Figur. Mensch, wäre das ein kompliziertes Frühstück! Wäre da nicht der Fatburner-Smoothie aus der Immunecke. Warum nicht der Trauben-Spinat-Flip von Seite 101? Oder das: Am Wochenende so richtig geschlampert. Darüber grummelt der Bauch. Drum ist heute ein Darmsmoothie dran. Hardcoremäßig. Mit Sauerkraut, Aprikosen, Joghurt, Chufas, einer Prise Kurkuma … Hmm, echt lecker. Oder so was: In letzter Zeit hab ich echt zu viel Lust auf Süßes. Dieser blöde Heißhunger! Da sollte ich mal wieder raus. Zeit für einen Leptinreset. Gurke, Tomate, Chili, Schwedenmilch, Leinöl …

Munter und kreativ mixen

Verstehen Sie das Prinzip? Sie mixen aus dem, was da ist, einen leckeren Fatburner für das, was Sie gerade gut gebrauchen können. Mehr Energie. Leptinreset. Was Süßes. Ein Eis. Schwung fürs Immunsystem. Alles ganz simpel. Sie bringen mithilfe des Wissens über die richtigen Zutaten – das sind die Big Five ab Seite 66 – ganz automatisch Abwechslung in den Mixer und damit in den Körper und in die Mitochondrien. Abwechslung ist das größte Geheimnis der Gesundheit, der Zufriedenheit, der optimalen Fettverbrennung. Denn wenn der Körper das hat, was er braucht, lässt er von dem los, was er nicht braucht: Fett.

Ein Hochleistungsmixer ist eine Anschaffung, die sich wirklich lohnt.

Welchen Smoothie mache ich mir?

Machen Sie die Augen zu. Blättern Sie den Rezeptteil ab Seite 94 auf. Tippen Sie mit dem Zeigefinger auf einen Smoothie. Und den machen Sie. Oder den, der Ihnen grad so fröhlich ins Auge springt. Sie haben die Entscheidung. Übrigens etwas, das uns glücklich macht. Also: Sie entscheiden. Es muss nicht täglich ein grüner Smoothie sein. Alle unsere Smoothies bewirken unglaublich Gutes (außer Sie vertragen eine Zutat nicht). Picken Sie raus, was Sie gerade auf dem Markt bekommen. Was in der Biokiste

steckt. Auf was Sie Lust haben: Aprikosen mit Joghurt oder etwas Scharfes mit Tomaten. Oder entscheiden Sie nach dem, was Sie gerade brauchen: Mehr Energie? Einen glücklicheren Darm? Die Rezeptkapitel zeigen die passenden Smoothies.

Die Küche des Smoothisten

Was gehört in die Smoothieküche? In jedem Fall ein Standmixer. Ein Haushaltsmixer schafft bis zu 10 000 Umdrehungen pro Minute und eine Leistungsaufnahme bis 1 000 Watt. Der eignet sich für Drinks aus flüssigen und halbfesten Zutaten. Er bricht aber die Pflanzenzellwände nicht so richtig auf und kriegt Nüsse, Samen und Faseriges nicht schön püriert. Er fängt schnell an zu brodeln, wenn man ihn mit härteren Smoothiezutaten überfordert.

Der Turbomixer

Darum taucht sicherlich irgendwann ein Hochleistungsmixer in der Smoothistenküche auf. Ein stabiler Standmixer mit Elektromotor im Standfuß und einem großen Mixbehälter. Auf dessen Boden rotiert ein ausgeklügeltes Schneidesystem mit mehrflügeligen Messern. Im Bauch hat er Programme, die völlig selbstständig mit der Leistung rauf und runter gehen und die cremigsten Smoothies der Welt zaubern. Mein großer Roter püriert auch festes Gemüse wie Brokkoli und Rüben. Er smooth

Eiswürfel und gefrorene Früchte. Er kriegt Nüsse und Samen cremig und eine ganze Vanilleschote püriert. 1 Minute 56 Sekunden wirbelt er für den cremigsten Greenie, den man sich vorstellen kann. Für den Klassiker – mit Obst und Milchprodukt – braucht er gerade mal 30 Sekunden.

Man kann Früchte mit Schale verwenden, die Kräuter mit Stängel. Und die Kerne macht das Gerät auch gleich mit klein. Zitrusfrüchte müssen nicht ausgepresst werden, einfach dünn schälen, das Weiße der Schale dranlassen (es enthält die wertvollen Bioflavonoide) und in groben Stücken in den Mixer geben. Alles wird feincremig pü-

riert und optimal zerkleinert. In kürzester Zeit. Super für die Vitalstoffe, die erhalten bleiben. Und super lecker!

Die kleinen Helfer

Neben dem Mixer baucht man eine Gemüsebürste, weil die Schale dranbleibt, aber gesäubert werden sollte. Ein richtig scharfes Messer, das durch Tomaten, Sellerie und Kohl wie durch Butter gleitet. Eine Handreibe, wenn man Zitrusabrieb verwenden möchte. Und im Mörser kriegt man Gewürze und Leinsamen klein (wenn das nötig ist). Ein To-go-Becher erlaubt es Ihnen, den Drink auch mitzunehmen. Im Sommer bleiben frische Smoothies darin den ganzen Tag über angenehm kühl. Schön dicht sollte er halten (damit man vor dem Trinken noch mal gut schütteln kann) und einfach zu reinigen sein – am besten spülmaschinenfest. Außerdem wäre ein Eiswürfelbereiter gut, der vor allem im Sommer das Smoothistenleben schön kühlt. Eiswürfel wirbeln dann statt Wasser im Mixer.

So holt man das Maximum aus den Rezepten

Flexibilität hat Vorrang. Spaß am Smoothen auch. Sie bekommen für Ihren Smoothie eine Zutat nicht? Weil sie keine Saison hat. Weil Ihr Laden um die Ecke das nicht führt? Dann wählen Sie aus der Big-Five-Liste des entsprechenden Kapitels eine andere.

INFO

FRISCH IST ER AM BESTEN

Am besten schmeckt der Smoothie frisch zubereitet. Dann hat er auch die größten Heilkräfte. Während der Lagerung gehen Vitalstoffe verloren. Wenn man den Drink aufbewahren möchte, dann in ein verschließbares Glas oder eine Flasche mit Deckel füllen – und für maximal 48 Stunden in den Kühlschrank stellen. Einen Drink »to go« darf man also auch am Vorabend zubereiten. Vorm Trinken gut durchschütteln oder umrühren. Vorsicht: Nicht jeder verträgt ihn eiskalt.

Kombinieren und probieren Sie. Jeder Morgen bietet eine neue Chance. Und die mit NoCarb gekennzeichneten Smoothies können Sie auch zwischendurch snacken, ohne um die Figur fürchten zu müssen.

Immer etwas Öl

Das Öl im Smoothie (auch das aus der Avocado, aus Nüssen und Samen) hilft, die Vitalstoffe besser aufzunehmen. Es versorgt unser Hirn und unseren Darm mit essenziellen Fettsäuren. Wir geben in unseren Rezepten an, was uns am besten schmeckt. Sie können freilich austauschen und eines der anderen Öle, die in der entsprechenden Rezeptrubrik angegeben sind, nutzen. Oder ein Nussmus oder Chiasamen ...

TIPP

STARTSCHWIERIGKEITEN?

Manchmal kommt es in den ersten Tagen zur Entgiftungskrise, mit Kopfweh, unreiner Haut, Verdauungsproblemen oder einer Verstärkung aktueller Gesundheitsprobleme. Man ist so viel Naturmedizin nicht gewöhnt. Wenn es nicht schlimm ist, zwei Tage durchhalten. Wenn es schlimm ist, schrauben Sie das Grün im Smoothie runter auf kleine Mengen. Dann langsam steigern.

Gern ein guter Geschmack

Würzen Sie mit Kräutern, mit Ingwer, mit Vanille, mit Zimt, Chili, Wasabi, mit rosa Pfeffer und auch mit Salz. Allerdings sollten Sie kein Industriesalz nehmen, sondern gutes Meersalz oder Steinsalz wie beispielsweise Himalayasalz. Das enthält noch alle wertvollen Mineralien.

Eiweiß extra?

Wenn der Smoothie selbst nur wenig Eiweiß enthält, haben wir ihn mit zwei Esslöffeln Erbseneiweißpulver aufgepowert – und besonders smoothig gemacht. Das können Sie auch weglassen, wenn Sie das nicht wollen. Oder Sie reichern selbstständig mit Eiweiß an, wenn Sie mehr brauchen. Die Eiweißformel für den Tag: 1,5 bis 2 Gramm pro Kilo Körpergewicht. Morgens im Smoothie sollte ein Viertel stecken.

Drink oder Pudding?

Was macht den Fatburner smoothig? Avocado oder Banane. Auch Kokosmilch aus der Dose (ungesüßt). Nussmus verleiht ebenfalls eine wunderbar mundige Konsistenz. Und Erbsen können es auch. Ein Trick: Erst das Stückige mit etwas Flüssigkeit mixen. Dann den Rest der Flüssigkeit zugeben und auf hoher Stufe weitermixen. Der eine mag den Smoothie am liebsten löffeln wie einen Pudding, der andere streckt ihn so, dass er den ganzen Tag Smoothievorrat zum Trinken hat. Der »Sprit« ist leicht dosierbar.

EIN DUTZEND MIXTRICKS

Mit diesen Tipps geht's in der Küche sicher rund – mit dem besten Ergebnis.

1. Im Mixbecher unten halten sich die weichen und flüssigen Zutaten auf, dann erst kommen die stückigen oder härteren Dinge nach und nach dazu. Alles. Mit Stumpf und Stiel. Na ja, fast. Mit Kernen, Schale …

2. Am besten immer gleich zwei Portionen mixen, wie in den Rezepten angegeben. Ist die Menge zu klein, kleben die Zutaten an den Wänden und die Messer laufen leer.

3. Den Mixbehälter immer mit dem Deckel verschließen, sonst hat man den Spinat und all die anderen guten Dinge im Gesicht.

4. Größere Stücke klein schneiden. Je schwächer das Gerät, desto kleiner. Damit beim Mixen schnell ein Strudel entsteht, der alle Zutaten rundherum erfasst.

5. Falls der Mixer blockiert oder droht heißzulaufen: Gerät ausschalten. Deckel ab. Mixgut mit einem Kunststoffspatel umrühren. Vielleicht noch etwas Flüssigkeit zugießen.

6. Erst bei niedriger Drehzahl anmixen, dann rasch auf höchste Stufe schalten, damit der Smoothie schnell und schonend gemixt wird. Das Gerät so lange laufen lassen, bis alle Zutaten fein püriert sind.

7. Leistungsschwache Mixer oder eine »echt harte« Füllung nicht nonstop laufen lassen – besser zwischendurch immer wieder ausschalten, damit das Gerät abkühlen kann.

8. Was tun, wenn nicht alles feincremig zerkleinert wurde? Am besten esslöffelweise Öl zufügen oder die Masse mit einem Spatel durchrühren und noch mal durchmixen.

9. Damit der Mixer beim Zerkleinern von gefrorenen Fruchtstücken oder großen Eiswürfeln nicht blockiert, etwas Flüssigkeit zugießen. Fürs Blitzeis: erst Joghurt einfüllen, dann die Früchte. Erst die Flüssigkeit, dann die Eiswürfel.

10. Tiefgefrorene Früchte im schwachen Mixer? Das packt er nur, wenn man sie vorher mit etwas warmem Wasser auftaut.

11. Vor allem bei einem weniger leistungsstarken Mixer: die Eiswürfel zerkleinern. Dazu in ein Tuch einwickeln und mit einer Teigrolle zerschlagen oder durch die Eismühle (Ice Crusher) drehen.

12. Die guten Mixer haben einen Stampfer, mit dem man von oben durch ein Loch die Zutaten runterdrücken kann, wenn die Zentrifugalkraft mal nicht ausreicht. Er ist so bemessen, dass er sich nicht von den Schneidemessern erwischen lässt (wie so mancher arme Kochlöffelstiel).

Vitalstoffbonus durch herrlich bunte Abwechslung

Wechseln Sie viel ab. Um an alle wertvollen Naturstoffe zu kommen – und dem ganzen Körper Gutes zu tun. Nicht nur den Problemzonen, sondern auch dem Darm, dem Immunsystem … Die sorgen ja für eine schlanke Linie. Wenn Ihnen ein Smoothie nicht schmeckt, dann kommt der schlichtweg nicht mehr in den Mixer. So einfach!

INFO

NO GOS

Exot trifft Milchprodukt: Ananas, Kiwi und Papaya enthalten eiweißspaltende Enzyme. Wenn man Milchprodukte oder Eiweißpulver mit ihnen mixt, werden sie deshalb schnell furchtbar bitter. Trick: Wenn man die Früchte vorher mit kochendem Wasser übergießt, deaktiviert das die Enzyme, leider aber auch die Vitamine. Darum kommen bei mir die Exoten nie mit Joghurt zusammen.

Mixbehälter ungespült stehen lassen: Der Smoothie pickt fest wie Leim. Mixer daher am besten sofort mit heißem Wasser füllen, eventuell ein paar Tropfen Spülmittel zugeben, eine Minute kräftig mixen. Klar ausspülen. Voilà, sauberer geht's nicht.

Dafür ist die Auswahl ja wundervoll groß und Sie können selbst endlos weiterexperimentieren. Es darf und kann Freude machen. Jeden Tag aufs Neue.

Schlankprogramm für Eilige: Die Leptinreset-Woche

Wer nicht die Geduld hat, über den täglichen Morgensmoothie an eine große Veränderung im Leben zu kommen, kann auch mal für zwei Tage oder eine Woche aus seiner Komfortzone springen und eine Smoothiekur einlegen. Eine Woche lang Fatburner-Smoothies. Das beamt sofort aus der Insulin-Heißhunger-Falle und weckt die Enzyme auf, die Fett abbauen. Freilich sollte man dann auch den Stress aus dem Alltag wegpuffern. Mit ein wenig Bewegungsmeditation. Und Atemübungen.

So geht's

- Wählen Sie täglich einen Smoothie – egal aus welcher Rubrik. Machen Sie sich morgens davon eine deutlich größere Portion, damit es den ganzen Tag reicht.
- Haben Sie immer einen Smoothie dabei. Machen Sie ihn dreimal täglich zur Hauptmahlzeit.
- Wichtig: Geben Sie in jeden Hauptmahlzeit-Smoothie einen Löffel Eiweißkonzentrat (ohne Zusatzstoffe, ohne Süßstoffe, ohne Aromastoffe, ohne Kohlenhydrate, zum Beispiel aus Erbseneiweiß).

- Snacken? Erlaubt sind Nüsse, Kerne, Hüttenkäse oder Quark mit Kräutern. Auch ein purer Eiweißshake – nur das Pulver dafür aufmixen (Bezugsquellen ▶ siehe Seite 126). Oder ein Smoothie unter 10 Carbs, erkennbar am Hinweis NoCarb.
- Außerdem dürfen Sie Blattsalate und pure Gemüsesuppen (ohne Stärke) essen.
- Gerade die herzhaften Smoothies können auch warm gemacht (bis 40 Grad) und in der Thermoskanne mit in die Arbeit genommen werden.
- Trinken Sie täglich zwei Liter Wasser. Tee und Kaffee sind erlaubt. Keinen Alkohol. Okay, einmal ein fermentiertes Glas Traubensaft – am letzten Tag. Ja, genau: ein Glas trockener Wein.
- Gehen Sie viel an die frische Luft. Bewegen Sie sich – ideal auf dem Super-Fatburner namens Trampolin. Am besten vor Ihrem Morgensmoothie. Das weckt die fettverbrennenden Enzyme auf. Und meditieren Sie ein wenig.
- Machen Sie immer, wenn Stress hochkommt, eine Atemübung. Atmen Sie tief ein und 15 Sekunden lang aus. Dann wieder: einatmen und laaaaaange ausatmen. Der Kalziumspiegel steigt an. In nur fünf Minuten werden Sie zum Buddha.

Und danach?

Sie wollen noch ein bisschen weiter abnehmen, aber Ihren Stoffwechsel oben halten, um nicht in den Jo-Jo-Effekt zu düsen?

Dann halten Sie sich eine Woche lang an die morgendlichen Leptin-Fatburner-Smoothies. Essen Sie einmal am Tag »normal«. Und einmal »no Carb« – mal mittags, mal abends. Also nur Gemüse plus Eiweiß. Die Kohlenhydratbeilage fällt weg. Kein Brot, keine Nudeln, kein Reis, kein Zucker, kein Mehl, kein Obst. Bei der anderen Mahlzeit halten Sie die Kohlenhydratmenge einfach klein. Das können Sie noch eine dritte und eine vierte Woche tun. Dann sollten Sie aber zur Normalität zurückkehren. Und einfach den Tag mit einem Smoothie beginnen. Das macht weiterhin schlank.

Gute Aussichten

Mit Sicherheit wächst Ihre Vitalität – einfach durch den Morgensmoothie. Ganz nebenbei verschwinden überflüssige Pfunde. Neben dem Körper entgiftet auch der Geist. Und was neben der guten Laune noch zunimmt: die Motivation, künftig ein bisschen besser auf das zu achten, was da so auf dem Teller liegt. Tut mir das gut? Oder wandert das einfach nur auf die Hüfte?
Auch dann, wenn Sie Ihr Wunschgewicht erreicht haben, werden Sie bei Ihrem Morgensmoothie bleiben – mit einer etwas lockereren Einstellung. Mal ein bisschen mehr Banane drin. Das süße Obst Pi mal Daumen dosiert. Und sonntags wird freilich auch mal ohne Smoothie gebruncht. Am Montag aber wirbelt mit Sicherheit wieder der Mixer.

BIG FIVE –
DIE KOMMEN IN DEN MIXER

Ein Fatburner-Smoothie besteht aus fünf Grundzutaten: the Big Five. Alle spielen ihre Rolle im Energiestoffwechsel. Obst und Gemüse. Grüne Blätter. Süßmacher. Mixsprit. Vitalstoffextras (Nüsse, Samen, Superfood). Alles Wichtige über die Big Five lesen Sie auf den folgenden Seiten. Das erworbene Wissen lädt zum Experimentieren ein. Klar, anfangs helfen die Rezepte ab Seite 94, aber dann kreiert man selbst. Das Ziel heißt

in jedem Fall: einfach drauflos mixen. Den Suppensmoothie. Den Eissmoothie. Den Lassismoothie. Den grünen Smoothie. Fatburner-Smoothies sind Natur pur. Und natürlich GLYX-niedrig. An (den richtigen) pflanzlichen Fetten müssen wir überhaupt nicht sparen – im Gegenteil. Die sind Fatburner-Medizin. Genauso wie Gewürze und Kerne, Blüten und Superfood. Mixen Sie mit Wissen. Dann bekommt Ihr Körper die lebenswichtigen Vitamine, Mineralien, Bitterstoffe, essenziellen Fett- und Aminosäuren sowie Enzyme, die er braucht.

Hier lesen Sie Wissen fürs Leben. Fürs gute Leben. Was alles in den Smoothie gehört. Warum Zimt beim Abnehmen hilft. Was die Malvenblüte im Drink bewirkt. Wieso die Kakaobohne den Hüftspeck angreift … Nur probieren müssen Sie es selbst – das kann Ihnen keiner abnehmen. Na ja, und das Lesen leider auch nicht.

Immer das Beste

Jeder Smoothie hat das Beste verdient. Ich nehme zum Beispiel keine Sojamilch mehr. Der traue ich nicht. Stichworte Gentechnik und Urwald-Abholzen. Und ihre Pflanzenhormone verträgt auch nicht jeder. Aber es gibt glücklicherweise Alternativen. Die ein-

INFO

BIO IST BESSER

Eine Megastudie zeigt: Biokost enthält deutlich mehr Antioxidantien (bis zu 69 Prozent), nur halb so viel Kadmium und weniger Nitrat und Nitrit – alle drei nicht sehr günstig für uns – als konventionelles Gemüse. Und klar: Die Pestizidrückstände sind um ein Vierfaches geringer.

heimische Lupine zum Beispiel. Da greife ich lieber zu. Überhaupt bin ich mit Exoten so geizig wie meine Biokiste. Und meine Tiefkühltruhe. Exoten stehen bei mir einfach seltener auf dem Plan. Dann, wenn's bei uns nichts gibt und der Sommervorrat aus der Tiefkühltruhe verschwunden ist.

Aber natürlich kommt die Ananas aus der Biokiste in den Mixer. Die Mango. Die Passionsfrucht. Die Kiwi. Letztere habe ich aber auch vom Chiemgauer Bauern, dem Mitterer Hans. Sie ist klein und sehr sauer. Der GLYX liegt da unter Zimmertemperatur.

Frisch und möglichst bio

Die Zutaten für Ihren Smoothie sollten freilich frisch und reif sein – aber Schönheit ist kein Auswahlkriterium. Es darf ruhig der etwas hässliche Bioapfel sein. Wenn möglich, sollten Sie natürlich das Gemüse und Obst aus kontrolliert biologischem Anbau verwenden, das aus der Region stammt und à la Saison geerntet wird. Clean-Eating heißt das Stichwort, das Mensch und Umwelt freut. Und das ist zugleich auch die Vitalstoffgarantie für den Fatburner-Smoothie.

Am schönsten ist es, wenn Sie die Kräuter, den Löwenzahn, die Beeren, den Kopfsalat aus dem eigenen Garten holen können. Auch gut: vom Wochenmarkt, aus dem Bioladen oder von einem Gemüsehändler Ihres Vertrauens. Und natürlich superpraktisch: aus der Biokiste. Von Heinzelmännchen regelmäßig vor die Tür gestellt.

Von der Frostfee

Die Zeit, in der einem heimische Kirschen, Erdbeeren oder Birnen in den Mund wachsen, ist leider kurz. Am schonendsten konserviert der Smoothist die köstlichen Sommerschätze in der Tiefkühltruhe. Obst waschen. Himbeeren, Erdbeeren oder Johannisbeeren ganz lassen, Pflaumen oder Aprikosen halbieren, Äpfel oder Birnen würfeln. Auf einem Teller oder Blech verteilen und ins Gefrierfach geben. Sind sie gefroren, in Gefrierbeutel füllen. Herrlichköstlicher Wintervorrat.

Stars im Smoothie: Früchte

Die Nummer eins aus der Liste der Big Five. Jetzt alle Früchte aufzuzählen, die in einen Smoothie passen, würde Sie verärgern. Denn dann wäre kein Platz mehr für Rezepte. Darum nur ein paar ausgewählte Stars. Auch hier gilt: In der Regel saisonale Früchte verwenden. Mithilfe der Tiefkühltruhe können Sie im Winter Vitamine tanken und im Sommer Frozen-Smoothies genießen. Und: Wählen Sie alte Obstsorten, die haben weniger Zucker und mehr Bitterstoffe.

Ananas

Eine kleine Portion süßt den Obst-Blätter-Smoothie, den man dann ohne Milchprodukte macht. Ananas entsäuert und versorgt mit Gute-Laune-Botenstoffen – und Bromelain. Dieses Enzym vernetzt das Bindegewebe und macht die Haut elastisch. Ananas liefert zudem wichtige Mito-Mineralien: Zink, Kalzium, Magnesium.

Apfel

Er zügelt den Appetit, pampert die Nerven, schützt das Herz. Der Ballaststoff Apfelpektin hält lange satt und bindet unerwünschte Fette. GLYX-niedrig und reich an Vitamin C sind alte Sorten und saure Verteter, wie Cox Orange, Braeburn, Boskoop. Äpfel strotzen vor sekundären Pflanzenstoffen, die die Vitaminwirkung multiplizieren. Schale mitessen. Kerne auch. Das Gesamtpaket im Smoothie macht schlank.

Aprikose

Die kleine Verwandte des Pfirsichs macht wach und schenkt Energie. Reich an B-Vitaminen (Nerven) und Kalium (Herz). Sie schmeckt am besten, wenn sie Saison hat, rettet sich aber über die Zeit als Eigenproduktions-Fruchtmus oder vom Frostmann in der Tiefkühltruhe. Kern mitmixen!

Avocado

Ihre lebenswichtigen Fettsäuren ölen die Haut von innen, schmieren die Zellwände, stärken die Nerven. Ein weiterer Zauberstoff heißt Mannoheptulose und senkt den Blutzuckerspiegel. Avocado im Smoothie macht morgens schon vital, konzentriert, wach. Und zaubert den Smoothie cremig. Auch der Kern darf in den (starken) Mixer.

Optisch ebenso ein Genuss wie auf der Zunge: die Drachenfrucht.

Banane

Sie süßt den Smoothie, macht ihn cremig, hat aber leider einen hohen GLYX. Deswegen nur ein kleines Stück verwenden. Lecker als Frostbanane, diesen Tipp hab ich von Haubenkoch Alge ▸ siehe Seite 22: Geschälte Bananen ins Frostfach legen, sie schrumpfen auf ein Drittel und werden ganz süß. Davon etwas über den Smoothie reiben. Lecker!

Beeren

Sie sind kleine Medizinbällchen. Sie bremsen das Altern, machen uns wach, stärken das Immunsystem, kurbeln die Fettverbrennung an. Und um all das täglich zu haben, schwören immer mehr Menschen auf Exotik: Acaibeere, Aroniabeeren, Camu-Camu, Cranberry, Gojibeere.

Aber auch bei uns wachsen Superfood-Beeren: die Berberitze, die Acerola, die Holunderbeere. Oder die Blaubeere, eine wahre Schlankpille der Natur, voller Vitamin C für die Fettverbrennung und das Immunsystem. An Blaubeeren darf man sich satt essen, schlank und gesund.

Ähnlich Erdbeere, Brombeere, Himbeere: Sie sind nicht nur super lecker, sondern machen auch schlank und obendrein noch schön. Ihre Pflanzenstoffe entschlacken den Körper von Giften, schwemmen Wasser aus, stärken das Bindegewebe, glätten Cellulite.

Birne

Hier sollten Sie auch die Fatburner-Kraft der säuerlichen alten Sorten wählen. Wie Josephine von Mecheln, Pastorenbirne ...

Drachenfrucht

»It-Food« par excellence. Der Eyecatcher macht den Smoothie herrlich pink und versorgt mit viel Vitamin C.

Feige

Hält schlank und fit. Ihr Jod gibt dem Stoffwechsel einen Kick. Der relativ niedrige GLYX passt wunderbar in den Smoothie. Nur getrocknete Feigen locken viel Insulin.

Granatapfel

Die leckeren Kerne helfen nach Kräften beim Leptinreset. Sie dimmen den Blutzucker runter und ihre Polyphenole (Antioxidantien) halten jung und hemmen Entzündungen. Der bittere Saft macht die Frucht zu einem exzellenten Fatburner.

Grapefruit

Senkt die Fettwerte im Blut, weist das Insulin in die Schranken, kurbelt mit Vitamin C und Bitterstoffen den Energiestoffwechsel an. Es gibt Wechselwirkungen mit Medikamenten, wenn nötig mit dem Arzt sprechen.

Kirsche

Voller Mineralstoffe, Carotinoide, Vitamin A, B_2, B_5 und C, außerdem Kalium. Kirschen entwässern und ihre Polyphenole fangen freie Radikale ein. Saure Kirschen haben doppelt so viele Polyphenole wie die süßen Sorten. Und einen niedrigeren GLYX.

Kiwi

Magnesium, Folsäure, Kalium, Eisen, Vitamin C – eine super Immun- und Mito-Medizin. Kiwis stärken die Nerven mit B-Vitaminen und dem Anti-Stress-Mineral Magnesium. Auch ihr Enzym Actinidin kurbelt die Fettverbrennung an. Sie sind zudem reich an Antioxidantien.

Honig- oder Wassermelone

Mit ihrem Wassergehalt von 85 bis 95 Prozent passen sie gut in den Smoothie – nur leider ist der GLYX hoch. Also nur kleine Stücke zum Süßen verwenden. Melonen liefern Vitamin B_1, B_2, C und Beta-Carotin.

Nektarine und Pfirsich

Die botanischen Geschwister punkten mit den Radikalefängern Vitamin A, C, E, Beta-Carotin, dem Fatburner Kalzium und viel Kalium für den Wasserhaushalt. Ihre Biostoffe senken das Diabetesrisiko.

Passionsfrucht

Die Maracuja zeigt, dass Gesundheit herrlich schmeckt. Sie birgt einen Schatz an Anti-Stress-Magnesium und andere Mito-Vitalstoffe wie Kalium, Phosphor, Eisen, Kalzium.

Pflaume

Power für Mitos und Fettverbrennung: voller Vitamin A, B, C, Magnesium, Eisen, Kalzium. Frisch sind sie genial im Smoothie. Getrocknet süßen sie und regen ganz natürlich die Verdauung an.

Zitrusfrüchte

Sie enthalten fast 200 krebsvorbeugende Verbindungen, wirken aktiv gegen Entzündungen im Körper, stärken das Immunsystem, die Nerven und entwässern. Mit ihren Bitterstoffen kurbeln sie die Verdauung an. Bei allen Zitrusfrüchten sollten Sie viel von der weißen Schale mit in den Smoothie geben. Und: Die äußere Schale abreiben, trocknen, mit Himalayasalz oder etwas Vollrohrzucker konservieren – und später mit in den Smoothie geben. Zitronen und Limetten kann man waschen, vierteln und einfach so in den (guten!) Mixer werfen.

ABER BITTE MIT KERN!

Kerne mit in den Smoothie mixen? Wie wahnsinning kann man nur sein?
Herrlich wahnsinnig!

APFELKERNE

Echt? Und die Blausäure? Keine Sorge. Die winzige Menge von einem Milligramm Blausäure pro Kilo Körpermasse ist tödlich. Die steckt in 1 Kilo Apfelkerne. Und wer isst schon 50 Kilo oder mehr davon? Dafür versorgen uns Apfelkerne mit reichlich Pektin sowie Vitamin B_{17} (Laetril) und können vor Darmkrebs schützen.

APRIKOSENKERNE

Sie setzt man in der Krebstherapie ein. Und weil es sich freilich nicht um Blockbuster der Pharmaindustrie handelt, beäugt man sie gerne kritisch. Dabei sind es sensationelle Jung-und-gesund-Kerne. Zwei Stück pro Tag schaden nicht! Einen Hochleistungsmixer braucht man für diese und die meisten anderen Kerne allerdings schon.

PAPAYAKERNE

Sie regenerieren die Leber. Ihr Papain aktiviert das Wachstumshormon (Somatropin), das für die Zellregeneration in der Leber sorgt und die Fettverbrennung ankurbelt. Nicht mehr als fünf Kerne pro Tag wegen der starken Entgiftung! Und: Sie gelten bei manchen Völkern als »Pille für den Mann«, sie machen kurzfristig unfruchtbar.

AVOCADOKERNE

Viel zu schade zum Wegwerfen. Ihre Aminosäuren erhöhen den Kollagengehalt der Haut. Bitterstoffe und Antioxidantien stärken die Abwehr und lindern Muskelkater. Die Kerne treiben außerdem die Thermogenese an, Fett wird schneller verbrannt.

KERNE AUS ZITRUSFRÜCHTEN

Sie haben desinfizierende Eigenschaften, bekämpfen alle Arten von Infektionen, stärken die Abwehrkräfte und reinigen den Darm.

TRAUBENKERNE

Diese Kernchen gelten als hyperpotentes Anti-Aging-Mittel. Ihre OPC (oligomere Proanthocyanidine) agieren unter den stärksten Antioxidantien. Sie schützen die Blutgefäße, hemmen die Tumorentstehung, verbessern die Gehirnleistung und puschen das Immunsystem. Also unbedingt kernreiche Trauben verwenden.

Smoothiebasis: Gemüse

Nicht jedes Gemüse passt in den Smoothie. Stärkehaltige Wurzeln und Knollen dürfen nur als eher kleine Beigabe mit hinein. Für die Folgenden gibt es keine Dosisgrenzen – außer der Mixbechergröße.

Artischocke

Ihr Inulin senkt erhöhte Blutzuckerspiegel und das Cynarin die Cholesterinwerte im Blut. Sie wirkt harntreibend und kurbelt die Verdauung an. Artischockenherzen aus der Dose oder die jungen rohen Blätter dürfen also ruhig auch mal in den Smoothie.

Brokkoli

Er wird oft als das gesündeste Gemüse der Welt bezeichnet. Er hemmt Krebszellen, seine Vitamine C, E, Beta-Carotin und eine Fülle an Mineralien und Biostoffen sind pure Mito-Medizin. Die Röschen können Sie ungekocht mitmixen!

Erbse

Sie versorgt mit wertvollem Eiweiß und B-Vitaminen für gute Nerven. Und sie macht den Smoothie schön cremig.

Fenchel

Prima zum Abnehmen: Seine Ballaststoffe binden Fett im Darm. Die Aromastoffe kurbeln den Zellstoffwechsel an und wecken fettabbauende Enzyme aus der Lethargie.

Gurke

Für Schönheit von innen: kaum Kalorien, dafür reichlich Mineralstoffe wie Kalium, Kalzium und Eisen. Gurken schwemmen Wasser aus dem Körper, fördern die Durchblutung – und damit die Fettverbrennung.

Kohl

Egal ob grün, weiß, rot, Blumen- oder Rosenkohl, das medizinische und kulinarische Allroundtalent passt in jeder Sorte wunderbar in den Smoothie.

Paprika

Je röter, desto reifer und reicher am scharfen (und schlank machenden) Capsaicin. Viel Vitamin C und Beta-Carotin wirken oxidativem Stress im Körper entgegen, stärken das Immunsystem, halten den Energiestoffwechsel am Laufen.

Spargel

Ihn hat man früher in der Apotheke verkauft. Und das nicht ohne Grund. Er regt die Fettverbrennung an, entwässert und liefert nur 18 Kalorien pro 100 Gramm. Da braucht die Verdauung allein schon mehr Energie. Ein Minuskalorien-Gemüse.

Tomate

Die Tomate enthält viel vom Krebsschutzstoff Lycopin. Ihr Kalium stärkt das Herz und hilft gegen Stress. Eine Mito-Medi-Frucht. Gern auch aus der Dose.

FERMENTIERTES GEMÜSE

Das Einsäuern ist eine uralte Methode zur Haltbarmachung, super bekömmlich.

Ob Möhren, Kohl, Wirsing, Gurken, Lauch, Rettich, Paprika oder Bohnen – fast jedes Gemüse eignet sich zum Fermentieren und kann mit Kräutern und Gewürzen verfeinert im Gärgefäß zu einer Delikatesse heranreifen. Als Zugabe zu Smoothies sorgt es für eine erfrischende Note. Je mehr Zeit Sie sich lassen, desto leckerer und gesünder. Während der Fermentation vermehren sich die nützlichen Bakterien und wandeln Zucker und Stärke des Gemüses in Milchsäure um. Täglich gucken, Schaum abschöpfen. Probieren. Wenn's schmeckt, in Einmachgläser füllen und kühl aufbewahren. Das Rezept ist für ein Glas – ich mach immer lieber gleich zehn Gläser. In eine Doppelportion Smoothie kommen 50 bis 100 Gramm.

NoCarb

FERMENTIEREN

600 bis 800 g Gemüse nach Wahl (z. B. Möhren, Weißkohl, Lauch, rote Paprikaschote) | 1 TL schwarze Pfefferkörner | ½ TL Koriandersamen | ½ TL Kümmel | 2 kleine Lorbeerblätter | 10 g Meersalz

Zubereitung: 25 Min. (plus 2 Std. zum Abkühlen und 6 Wochen zum Gären und Reifen)
Pro Portion (50 g): ca. 1 g EW, 0 g F, 2 g KH

1 Das Gemüse je nach Sorte waschen und putzen oder schälen, in mundgerechte Stücke schneiden oder raspeln. In eine Schüssel geben und mit der Faust oder einem Holzstampfer kräftig drücken, bis Zellsaft austritt.

2 Das Gemüse samt Saft abwechselnd mit Pfefferkörnern, Koriander, Kümmel und Lorbeer in ein sauberes Glas schichten, kräftig andrücken. Das Glas soll nur zu vier Fünfteln gefüllt sein.

3 300 bis 500 ml Wasser aufkochen und abkühlen lassen und das Salz darin auflösen. Das Salzwasser über das Gemüse geben. Es sollte 1 bis 2 cm darüberstehen. Eventuell ein Holzbrettchen und einen Beschwerungsstein ins Wasser auf das Gemüse legen. Das Glas mit dem passenden Deckel fest verschließen.

4 5 bis 7 Tage an einem warmen Ort stehen lassen, dann an einem kühlen dunklen Ort (ca. 15°) zwei Wochen weitergären lassen. Nach ca. 3 Wochen das Glas in den Kühlschrank stellen und nachreifen lassen. Nach ca. 6 Wochen ist das Sauergemüse fertig. Kühl aufbewahren. Bei Bedarf die entsprechende Menge Gemüse mit einem sauberen Löffel entnehmen.

Grüne Blätter

Sie sind die Weckamine, Immunbooster und Darmschmeichler aus dem Smoothie. Sie liefern alle eine Fülle an Chlorophyll. Pure Energie. Und auch sonst möchte eine gesunde, junge, fröhliche Körperzelle diese Blätter nicht missen.

Salate und Blattgemüse

Kopf- und Pflücksalate: In frischen Freilandsorten – je dunkler, je besser – steckt

Blattgrün schenkt uns mit seinem Chlorophyll Energie, Gesundheit und eine schlanke Linie.

reichlich vom grünen Pflanzenfarbstoff Chlorophyll. Es wirkt wie flüssiger Sauerstoff im Blut, verjüngt, macht wach, verbessert die Eisenaufnahme und die Eiweißverwertung in allen Körperzellen.

Chicorée unterstützt mit seinem Bitterstoff Lactucopikrin den Fettabbau in der Leber, senkt den Blutzucker und stoppt Heißhunger. Seine Ballaststoffe und sein Inulin sorgen für eine gesunde Darmflora.

Feldsalat macht stressresistent, kreativ und schützt vor Frustessen. Sein Baldrianöl sorgt für nussigen Geschmack. Superreich an Eisen und den Vitaminen A, C und Folsäure vertreibt er die Winterdepression, macht leistungsfähig und optimistisch. Seine Wirkstoffe putzen die Adern durch und fördern das Wachstum gesunder, neuer Zellen.

Rucola schmeckt leicht scharf. Seine Senföle (Glucosinolate) kurbeln den Fettabbau an, senken den Blutzuckerspiegel, wirken stark entzündungshemmend und entgiftend. Rucola liefert außerdem Eisen, Kalzium und Kalium, Vitamin C und Vitamin A.

Mangold bindet schädliche Fett- und Giftstoffe im Darm. Sein hoher Ballaststoffgehalt regt die Verdauung an, schützt die Darmschleimhaut und die Darmflora. Jede Menge bestens verwertbares Kalzium sorgt für ein straffes Bindegewebe.

Spinat: Der ideale Abnehmbegleiter laut einer schwedischen Studie (Lund Universität 2014). Bei gleichem Diät- und Sportprogramm verlor die »Spinatgruppe« in drei

Monaten 1,5 Kilogramm mehr. Grund ist ein potenter Vitalstoffcocktail: Kupfer dimmt Appetit und schenkt Glücksgefühle, Beta-Carotin schützt die Darmschleimhäute, eine Mischung aus B-Vitaminen optimiert den Kohlenhydratstoffwechsel.

Kohlblätter: Egal ob von Wirsing, Grün- oder Weißkohl, ob das Grüne von Blumenkohl oder Kohlrabi – diese Blätter entschlacken und entgiften intensiv. Sie schützen auch vor freien Radikalen. Den Kohlge-

schmack mindern übrigens Apfel, Sellerie und Zitrusfrüchte. Auch Radieschengrün oder die Blätter von der Roten Bete (extrem viel Vitamin C!) machen den Smoothie noch gesünder.

Selleriegrün enthält Terpene, die das Wachstum schädlicher Pilze und Bakterien im gesamten Verdauungstrakt hemmen und die Magensäurebildung fördern. Reich an Vitalstoffen stärkt es das Immunsystem. Gut für die Entwässerung, den Stoffwechsel und nicht zuletzt die Vitalität.

INFO

BLÄTTER VON BÄUMEN

Ja, auch sie können mit in den Smoothie. Birkenblätter zum Beispiel sind entwässernd, blutreinigend und entschlackend. Ihre Wirkstoffe unterstützen Stoffwechsel, Niere und Blase, helfen bei Gicht und Rheuma. Haselnussblätter wirken mit Gerbstoffen und Flavonoiden gegen Verdauungsstörungen und Darmerkrankungen. Sie reinigen das Blut, senken Fieber und schwemmen überschüssiges Gewebswasser aus. Lindenblätter schmecken süßlich und geben dem Smoothie eine feine Note. Sie unterstützen den Energiestoffwechsel und die Zellregeneration. Einfach – am besten jung – pflücken.

Wildes Kräutergrün

Wer die folgenden Kräuter am Wegesrand findet, kann ruhig eine kleine Handvoll grüner Medizin im Mixer mitkreiseln lassen. Googeln Sie mal »Wildkräuterwanderung«. Wenn Sie eine in Ihrer Region mitmachen, lernen Sie fürs Leben.

Übrigens: Wildkräuter schmecken sehr intensiv. Wem sie am Anfang zu bitter sind, der sollte ihre Menge reduzieren und sie erst langsam steigern. Speziell Gundermann, Kerbel, Spitzwegerich und Wegwarte sind großartige Lieferanten von Bitterstoffen. Sie regen die Fettverbrennung an, zügeln den Appetit. Und Kräuter wie Rosmarin, Spitzwegerich, Schafgarbe, Melisse, Brennnessel, Löwenzahn und Sauerampfer putzen durch, verdrängen Pilze und stärken die Darmflora.

Bärlauch enthält Schwefelverbindungen, die beim Entgiften von Schwermetallen und bei der Ausscheidung von anderen Schadstoffen wichtig sind – sie wirken besonders im Darm. Bärlauch fördert die gesunde Darmflora und verdrängt Candida.

Brennnessel entgiftet und entwässert den Körper. Macht wach mit Eisen. Hilft gegen Rheuma. Und keine Sorge: Im Smoothie brennt nichts mehr. Man sollte langsam starten und kann dann steigern, bis man sogar zwei Hände voll in den Mixer gibt.

Breitwegerich stoppt mit seinem Glykosid Aucubin Entzündungen im gesamten Verdauungstrakt und fördert den Aufbau einer gesunden Darmflora. Ein paar Blätter würzen bereits wunderbar.

Sauerampfer reinigt das Blut, entwässert den Körper, stärkt das Immunsystem. Gut für bessere Sauerstoffaufnahme und schnelleren Fettabbau. Eine kleine Handvoll reicht.

Löwenzahn entgiftet, senkt den Blutzuckerspiegel, regt die Harnausscheidung an. Je

TIPP

WILDKRÄUTER KAUFEN

Wer nicht selbst sammelt, keinen Wochenmarkt in der Nähe hat, wessen Biomarkt keine Wildkräuter führt, der kann sich die Mischungen seit neuestem auch im Supermarkt holen. Oder im Internet bestellen – sogar frisch. Am Tag zuvor geerntet. Bezugsmöglichkeit ▶ siehe Seite 123.

jünger die Blätter, desto milder im Smoothie. Je älter, desto wirkungsvoller im Darm. Je runder die Blätter, desto gesünder. Gute Startdosis: fünf Blätter.

Giersch ist reich an Vitaminen, Proteinen, Mineralstoffen und ätherischen Ölen. Er schmeckt spinatähnlich und schleust schädliche Ablagerungen aus dem Körper. Passt wunderbar zu Obst, Tomaten, Gurken. Ein Unkraut, das man auch lieb haben kann.

Gundermann regt die Verdauung, die Entwässerung und den Fettstoffwechsel an. Sein ätherisches Öl wirkt schleimlösend und immunstärkend. Das Heilkraut wird auch erfolgreich bei chronischen Infekten, Müdigkeit und Burnout eingesetzt. Und er bremst schwelende Entzündungen. Kleine Menge verwenden, etwa sechs Blättchen.

Sauerklee putzt Nieren und Blase gründlich durch, hilft gegen Sodbrennen. Mit Kleesalz, Oxalsäure und Derivaten des Anthrachinon heilt er von innen Hautprobleme. Eine kleine Handvoll ist eine gute Dosis.

Schafgarbe hilft mit Azulen, Eukalyptol, Gerbstoffen, Flavonen und weiteren antibiotischen Substanzen gegen Magen- und Darm-Erkrankungen. Schafgarbe lindert auch Migräne, PMS oder Wechseljahresbeschwerden. Sie schmeckt süßlich-krautig. Man kann ein paar Blätter und zwei frische Blütendolden mit den Mixer geben.

Vogelmiere schmeckt feinwürzig mild. Regt Stoffwechsel und Verdauung an, hilft gegen Blähungen und Verstopfung.

ALGES LECKERE KRÄUTERSORBETS

Die passen in heiße Sommertage – und zwischen zwei Gänge im Menü.

Einfach Früchte, Gemüse und Kräuter abwaschen, Früchte vierteln. Im Mixer für gute 2 Min. durchmixen. In eine flache Metallschale füllen, für 3 Stunden in den Gefrierschrank geben, alle 20 Min. umrühren. Schneller geht es mit der Eismaschine: Eisansatz einfüllen und 20 bis 30 Min. gefrieren lassen. Mit einem Eislöffel Kugeln abstechen, in einem Glas mit Kräutern verziert servieren. Eine einzelne Kugel ist NoCarb.

APFEL-ROSMARIN-SORBET

3 säuerliche Äpfel | 300 ml Apfelsaft naturtrüb | 1 EL Akazienhonig | 1 TL Vollrohrzucker | 3 Zweige Rosmarin | 3 EL weißer Balsamicoessig | 2 EL Apfelessig | 5 EL Olivenöl

GREEN-PEACH-SORBET

250 g Pfirsiche, in Stücke geschnitten | 120 ml Wasser | 1 TL Tomatenessig | 2 EL Vollrohrzucker | ½ Espressolöffel Zimt | 6 Scheiben Ingwer | 2 Biozitronen (Saft und Abrieb) | 1 Prise Chilipulver | 50 g Rucola | 50 g Spinat | Minzblätter von 3 Stielen | 3 EL Joghurt

NORDDEUTSCHES SORBET

100 g Sanddornbeeren (oder 50 g Mark) | 6 Blätter Grünkohl | Blattgrün von 1 Bund Radieschen | 5 Radieschen | 300 g Joghurt | 3 EL Akazienhonig | 3 EL Olivenöl

GREEN-MOUNTAIN-SORBET

1 Avocado | Saft und Abrieb von 2 Bio-Blutorangen | 1 Handvoll Baby-Spinat | 4 Stangen Staudensellerie | 1 Handvoll grüne Shiso-Kresse | 1 Handvoll Brennnessel | 100 ml Weizengrassaft | 300 g Buttermilch | 1 Apfel (Granny Smith) | 30 g Frostbanane

CHAI-CHILI-SORBET

250 g Joghurt | 1 EL Vollrohrzucker | 2 EL Chaipulver, natur | ½ Espressolöffel Chilipulver | 3 Stiele Frauenmantel | ½ Bund Kerbel | 2 Scheiben Ingwer | Saft von 1 Orange

Smoothisten hegen ein kleines Kräuterparadies und horten Vorrat für den Winter.

Blätter von der Fensterbank

Eine kleine Handvoll im Mixer würzt den Smoothie mit intensiven Aromen – und Naturmedizin. Ideal: Im Winter die Sommerernte aus der Tiefkühltruhe holen. Denn auch Küchen- und Wildkräuter lassen sich problemlos einfrieren. Dazu die Kräuter verlesen, waschen, gut trocken schütteln, grob hacken, locker auf einen Teller streuen und schockfrosten. Danach in Gefriergefäße füllen und ab damit in die Tiefkühltruhe. So hat man konservierte Sonnen- und Heilkraft für den Wintersmoothie.

Brunnenkresse: Die Vitalstoffbombe enthält Bitterstoffe, Gerbstoffe, Senföl-Glykoside, Raphanol, Vitamine A, B_1, B_2, C und E, Ei-

sen, Jod, Phosphor, Kalzium. Kresse wirkt stark keimtötend, unterstützt Niere und Blase und beugt Darmkrebs vor.

Petersilie ist nicht von ungefähr so ein viel verwendetes Küchenkraut. Sie entwässert, regt Kreislauf und Stoffwechsel an, schenkt einen frischen Atem, senkt den Blutdruck und stärkt das Immunsystem. Außerdem wirkt das Kraut gegen Lustlosigkeit – und sogar Kater.

Schnittlauch hemmt Bakterien, entwässert, aktiviert die Verdauung, stärkt das Immunsystem, hält das Blut flüssig. Er macht wach und senkt den Cholesterinspiegel.

Basilikum schenkt Nerven aus Stahl und sonnige Laune. Es wirkt immunstärkend und reinigend für Magen und Darm.

Dill stärkt das Verdauungssystem, löst Verstopfung, Krämpfe und Blähungen. Hilft, Fett optimal zu verstoffwechseln.

Kerbel wirkt blutreinigend, harntreibend, schleimlösend und fiebersenkend. Er hilft auch gegen Konzentrationsprobleme, Schlafstörungen sowie Hautausschläge.

Liebstöckel heißt auch Maggikraut, weil es ähnlich würzig schmeckt. Es enthält eine Vielzahl an verdauungsfördernden Wirkstoffen wie Angelikasäure, Bitterstoffe, Gerbstoffe, Isovalerinsäure und beseitigt neben Fettpolstern auch Entzündungsherde. Es passt nicht nur in Suppen, sondern auch hervorragend in den Smoothie.

Zitronenmelisse lindert alle Arten von Bauchschmerzen, beruhigt, stärkt das

Herz-Kreislauf-System und schenkt einen tiefen, entspannten Schlaf.

Pfefferminze hilft der Leber beim Entgiften und aktiviert das gesamte Verdauungssystem. Minze schmeckt herrlich frisch und wirkt kühlend und passt sehr gut zu Früchten. Optimal an heißen Tagen im Smoothie!

So süßen Smoothisten …

Anfangs darf man Süßes zusetzen, damit es schmeckt. Mit der Zeit wird das weniger, bei den meisten ganz von alleine. Das Obst reicht einfach aus. Auch hier gilt das Prinzip: Einheimisches geht immer vor. Aber man darf natürlich auch mal etwas Exotisches probieren.

Die erste Süß-Wahl

OBST

Erfahrene Smoothisten brauchen gar nichts Süßes extra im Smoothie. Da genügt das Obst geschmacklich vollkommen. Ausprobieren! Anfangs kann man auch mit einem Löffelchen Obstdicksaft süßen.

BANANE

Sie süßt den Smoothie auf ganz natürliche Weise. Und sie macht ihn gleichzeitig schön cremig. Eine viertel Banane im Glas ist überhaupt kein (GLYX-)Problem. Ebenso wunderbar süßen die anderen Exoten wie Ananas, Mango und Papaya.

DATTELN & CO.

Zwei Datteln reichen in der Regel – und der Smoothie schmeckt. Auch anderes Trockenobst wie Cranberrys, Pflaumen oder Feigen machen ihn süß.

HONIG

Er steuert noch seine Mineralien (je dunkler, desto mehr), Vitamine, Enzyme und antibiotische Stoffe bei. Akazienhonig hat einen niedrigen GLYX und hält das Cholesterin in Schach. Sie sollten möglichst kaltgeschleuderte Sorten wählen.

AGAVENDICKSAFT

Agavendicksaft (allerdings nur von der blauen Agave) zählt zu den GLYX-niedrigen Süßen und enthält Inulin, einen präbiotischen Ballaststoff, über den sich die guten Darmbakterien besonders herzlich freuen. Er liefert aber auch recht viel Fruktose.
Vorsicht: Oft wird Agavendicksaft aus der wilden Agave gewonnen. Das klingt erst mal gut, ist aber leider schlecht, denn sie hat einen hohen GLYX.

BIRKENBLÄTTER-ELIXIER

Aus jungen Birkenblättern mit Zitronensaft, Biorohrzucker und Honig. Es süßt gesund, erfrischt und entschlackt den Körper.

VOLLROHRZUCKER

Das ist der gefilterte und eingedickte, getrocknete und gemahlene Saft des Zuckerrohrs. Genau den liebe ich. Diesen dunkelbraunen, unraffinierten, feinen Zucker, der so würzig karamellig schmeckt. Er zeigt uns: Wenn man ihn selbst (wohl) dosiert, macht auch Zucker nicht dick.

KOKOSBLÜTENZUCKER

Ein Palmzucker mit niedrigem GLYX. Mit Kalium unterstützt er die Muskelfunktion, mit Phosphor sorgt er für starke Knochen.

TIPP

SÜSSER GEWÜRZMIX

Für etwa 140 g brauchen Sie 4 Biolimetten, 1 Vanilleschote, 2 TL Anissamen, 2 TL Zimtpulver, 100 g Kokosblütenzucker. Die Limetten heiß waschen, abtrocknen, die Schale rundherum abreiben und bei Raumtemperatur zwei Stunden trocknen lassen. Die Vanilleschote mit dem Messer längs aufschneiden und das Mark herauskratzen. Beides mit Anissamen und Zimt in einen Mixer oder Mörser geben. Kokosblütenzucker zufügen und das Ganze fein mixen oder zerstoßen. In einen luftdicht verschließbaren Behälter oder ein Twist-off-Glas füllen. Es hält sich eine Woche. Ein Esslöffel würzt und süßt eine Doppelportion Smoothie.

NUSSMUS

Nüsse süßen auf cremige, leckere und gesunde Art und versorgen mit essenziellen Fettsäuren, B-Vitaminen und jeder Menge Nervenmineralien. Die Kerne schafft nur ein Hochleistungsmixer. Wer den nicht hat, besorgt sich ungesüßtes Nussmus im Reformhaus. Das gibt's in vielen Variationen: aus Kokos, Haselnuss, Mandeln, Walnüssen …

CHUFAS

Die süßen Knöllchen, auch Tigernüsse oder Erdmandeln genannt, gibt's ganz oder in Flocken im Reformhaus oder Bioladen. Sie senken den Blutzuckerspiegel, machen den Smoothie dickflüssiger ▶ siehe auch Seite 89.

Die zweite Süß-Wahl

BIRKENZUCKER

Sein Zuckeralkohol süßt wie Zucker, man kann ihn genauso verwenden, er hat aber weniger Kohlenhydrate und einen GLYX von nur 7. Allerdings ist er zehnmal so teuer wie normaler Zucker. Dennoch sollten Sie besser kein Billigindustrieprodukt nehmen. In großen Mengen wirkt Birkenzucker übrigens abführend.

FRUTILOSE (FRUCHTZUCKER)

US-Forscher fanden heraus, dass Fruchtzucker zwar dafür sorgt, dass nicht viel Insulin ausgeschüttet wird. Aber weil er das Sättigungszentrum im Gehirn nicht anspricht, macht er Hunger auf mehr. Fruchtzucker fördert so Übergewicht und Diabetes. Deshalb wie Zucker verwenden. Kontrolliert. Sparsam. Löffelchenweise.

STEVIA

Süße ohne Kalorien. Darum sollte Stevia immer mit echter Süße kombiniert werden. Denn nur so bringt das Honigblatt das biochemische Gefüge unserers Körpers nicht durcheinander. Besser die grünen Blätter verwenden, nicht das chemische weiße Industriepulver. Stevia kann man auch auf dem Balkon anpflanzen.

… und so würzen sie

Salz

Idealerweise würzt man mit naturbelassenem Steinsalz oder Fleur de Sel – mit allen guten Mineralien. Lieber kein Industriesalz, das nur Natrium, Chlorid und Fluor enthält.

Essig

Superfood-Medizin! Essigsäure regt den Speichelfluss an, fördert die Verdauung, schenkt Energie, bringt den Fettstoffwechsel auf Tour. Obstessig werden zudem zahlreiche Heilwirkungen zugeschrieben. Er wirkt desinfizierend, pflegt den Darm und reguliert den Insulinspiegel. Daher gehört Essig in den GLYX-Shot ▸ siehe Seite 26. Und er passt gut in so manchen Smoothie.

Chili

Es regt die Fettverbrennung an. Capsaicin heizt dem Stoffwechsel ein, erhöht die Körpertemperatur, steigert den Grundumsatz.

Vanille

Sie schmeckt nicht nur herrlich im Obstsmoothie, sondern bremst durch ihr Aroma auch den (übermäßigen) Appetit.

Zimt

Er senkt hohe Insulinspiegel, beugt Übergewicht und Diabetes vor. Im Smoothie regt er die Serotoninproduktion an und vertreibt die Lust auf Süßes. Und ganz nebenbei bringt er den Stoffwechsel in Schwung. Ceylon-Zimt enthält nur wenig vom schädlichen Cumarin, das Kopfschmerzen und Leberschäden verursachen kann.

Wasabi

Der japanische grüne Meerrettich besticht mit seinem nasenscharfen, leicht süßen Aroma. Er stärkt Immunsystem und Verdauung mit Senfölen. Original als grüne Wurzel bekommt man ihn nur selten, eher als Paste oder Pulver. Echter Wasabi hat seinen Preis.

Auch das regt die Fettverbrennung an

Und es schmeckt im Smoothie: Muskatnuss, Sternanis, Kreuzkümmel, Macis, Pfeffer, Cayenne, Kurkuma. Sie alle finden Einsatz in unseren Rezepten ab Seite 94.

Der richtige Smoothiesprit

Auch für die Flüssigkeit gilt: Nur was gut ist, kommt in den Smoothie. Hier lohnt es sich ebenfalls, Abwechslung walten zu lassen – für den Gaumen, für die Seele, für das leichte Glück, für den Darm, für das Immunsystem – und für die Fettverbrennung.

Die erste Wahl beim Sprit

Obst- oder Gemüsesaft kommt uns nicht in den Smoothie. Der GLYX ist zu hoch. Ausnahme: Sauerkrautsaft. Wegen der Milliarden von Milchsäurebakterien darin.

Kokoswasser, Kokosöl: An dieser Nuss ist fast alles gesund und vitalisierend.

MINERALWASSER, DIE SCHLICHTE TOUR

So kann man den Früchten am besten ihren Eigengeschmack lassen. Es hilft mineralienreich (gut: viel Magnesium, viel Kalzium) beim Fettverbrennen und Entgiften. Das Wasser kann auch aus dem Wasserhahn kommen. Freilich ideal: gutes Quellwasser.

KOKOSWASSER, TRENDIGER GAST IM SMOOTHIE

Das, was gluckert, wenn man eine junge, noch grüne Kokosnuss schüttelt, schmeckt lecker säuerlich und erfrischend. Es regt den Stoffwechsel an. Und: Der entzündungshemmende Effekt von Kokoswasser kann sogar Fieber senken. Das in den Tropen als »Flüssigkeit des Lebens« bezeichnete Kokoswasser hat das gleiche elektrolytische Verhältnis an Mineralstoffen wie unser Blut. Man sagt neudeutsch »isotonisch« dazu. Gutes Kokoswasser (kein Konzentrat, ohne Aromastoffe) gibt's im Naturkostladen.

BAMBOO-WATER

Der aktuellste »It-Drink« aus den USA schützt die Mitochondrien mit Antioxidantien und stärkt als Bakterizid das Immunsystem. Sicher auch bei uns bald erhältlich.

KOKOSMILCH, DIE VEGANE SAHNE

Bringt Exotik in den Smoothie – und lecker cremige Konsistenz. Das geht ganz easy: Zerkleinertes Kokosfleisch und das Wasser aus dem Inneren der Kokosnuss (oder auch Kokoswasser) in den Mixer geben und auf höchster Stufe fein pürieren. Durch ein Sieb filtern. Mit etwas Vanille und Kokosblütenzucker verfeinern. Eilige kaufen die Kokosmilch natürlich in Dosen. Der Kokosanteil sollte mindestens 60 Prozent betragen und es darf keine Chemie mitmischen.

LECKERE »NUSSMILCH«

Kuhmilch mögen immer weniger Menschen. Sie wollen vegan leben, haben Unverträglichkeiten oder sind mit den Zuständen in der Milchtierhaltung nicht einverstanden. Darum taucht so allerlei Nussiges im Tetrapack im Supermarktregal auf.
Ich liebe Mandelmilch. Aber auch »Milch« aus Haselnuss oder Walnuss ist ein wunderbarer Kandidat für den Smoothie. Nussmilch ist reich an Antioxidantien und Mineralien wie Kalium, Magnesium, Selen, Zink und Eisen. Mit B-Vitaminen sorgt sie für starke Nerven, Nägel und Haare. Eine wunderbare Mito-Medizin. Übrigens: »Milch« dürfen die Produkte nicht heißen, darum steht meist »Drink« auf der Packung.

Die zweite Wahl beim Sprit

SOJADRINK

Ich mag ihn nicht. Aber das ist, wie so vieles im Leben, Ansichtssache. Darum: Wer keine Kuhmilch verträgt, hat auch in Sojamilch einen Ersatz. Aber Achtung: Wer unter einem hormonabhängigen Krebs (Brust, Prostata) leidet, muss mit Soja vorsichtig sein. Am besten abwechseln mit Nuss- und Kokosmilch. Pollenallergiker sollten wegen einer Kreuzallergie aufpassen.

MILCH AUS HAFER, REIS, HIRSE

Auch diese Produkte gibt es mittlerweile überall. Aber Getreidemilch enthält vor allem Zucker wie Maltose oder Dextrine aus den Kohlenhydraten des Getreides, kaum Eiweiß, Mineralstoffe und Vitamine. Sie lässt sich nicht aufschäumen und hat einen höheren GLYX als Nuss- oder Sojadrinks. Ab und zu lecker, aber lieber selten. Außerdem sollten Sie auf die Packung gucken: Getreidedrinks sind oft mit ungesundem, Omega-6-reichem Sonnenblumen- oder Distelöl versetzt und homogenisiert.

TIPP

NUSSMILCH SELBST GEMACHT

200 Gramm Nüsse über Nacht in Wasser bedeckt quellen lassen. Mit einem Liter Wasser in den (leistungsfähigen!) Mixer füllen und so lange pürieren, bis eine einheitliche weiße Masse entsteht. Ein feinmaschiges Tuch über eine Schüssel geben, Püree darauf füllen und durchdrücken. Auch die Nussmasse lässt sich verwenden!

Ganz lecker Fermentiertes

Sie wissen ja: Wer Fett verbrennen will, muss grundsätzlich etwas für sein Immunsystem und seine Darmbakterien tun. Idealerweise gibt man dann auch mal eine Milliarde Bakterien in den Mixer: Fermentiertes. Als Gemüse, wie auf Seite 73 beschrieben. Oder über den Sprit.

NATURJOGHURT & CO.

Joghurt (natürlicher Fettgehalt, idealerweise aus Rohmilch) saniert den Darm, macht schlank, hält jung und wird mit Beeren im Smoothie zum süßen Fatburner-Traum. Und er schmeckt auch herzhaft mit Kräutern oder Zitrone lecker. Joghurt verträgt man oft sogar mit »Milchzuckerunverträglichkeit«, genauso wie die anderen smoothiegängigen Sauermilchprodukte Dickmilch, Kefir, Schwedenmilch – obwohl sie noch Milchzucker enthalten. Das kommt daher, dass die Laktobazillen der (unerhitzten!) Produkte in unserem Darm das Abbauenzym Laktase produzieren, das uns ja bei Intoleranz fehlt. Übrigens: Auch der sahnige Grieche darf gerne mal in den Smoothie.

SCHWEDENMILCH

In Schweden heißt das Sauermilchprodukt »Filmjölk«. Wie im Joghurt bauen Milchsäurebakterien den Milchzucker zu Milchsäure ab, die das Milcheiweiß gerinnen lässt. Die dadurch eingedickte Milch-Sahne-Mischung wird vor dem Abfüllen wieder flüssig gerührt – und liefert eine Hochkultur an Bakterien für unseren Darm. Und sie schmeckt einfach sahnig lecker.

BUTTERMILCH

Schmeckt herzhaft und fruchtig. Eiweißreich, viel Kalzium, Kalium, Magnesium, Zink: Das gibt den Muskeln Power.

LUPINENJOGHURT

Mir ist die Lupine als Soja des Westens die liebere Alternative. Kalorienarm, fettarm, laktose- und cholesterinfrei, gensauber liefert der Samen der Wildblume 50 Prozent hochwertigstes Eiweiß, viele Mineralien und Ballaststoffe. Den Joghurt gibt's erst seit 2015! Vegan, regional – allerdings mit Zukunftspreis-Technik des Fraunhofer-Instituts hergestellt. Darum mit Naturprodukten im Smoothie abwechseln.

SAUERKRAUT(SAFT)

Auch wenn sich »Sauerkrautsmoothie« im ersten Moment nicht nach dem »Sexiest Drink alive« anhört, ist er genau das. Alive vor allem. Sauerkraut lebt nämlich. Gutes, frisches Biosauerkraut steckt voller Probiotika, voller Milchsäurebakterien. Und die wollen wir sehr wohl in unserem Smoothie haben. Und auch das wach machende, blutbildende Vitamin B_{12}. Also rein mit dem Sauerkrautsaft in den Mixer! Sie können in einem leistungsstarken Gerät aber auch einfach das Sauerkraut mitsmoothen.

Kaum Aufwand: Kefir lässt sich ähnlich wie Kombucha selbst herstellen.

KEFIR

Es ist das berühmte »Getränk der Hundertjährigen« aus dem Kaukasus. Der Kefirpilz baut Milchzucker zu Milchsäure ab und vergärt Milch zu einem leckeren Sauermilchgetränk. Am Ende der Fermentation (also nach ungefähr 48 Stunden) kann ein einziger Milliliter Kefir mehr als eine Milliarde Milchsäurebakterien und eine Million Hefekolonien enthalten, die die Darmflora tatkräftig unterstützen.

Für Veganer gibt's den Wasserkefir. Dieses Brauwunder verwandelt Feigen und gezuckertes Wasser in ein kohlensäurehaltiges, erfrischendes Getränk, das den Darm saniert, das Nervenkostüm aufpolstert und das Immunsystem stärkt.

BROTTRUNK

In Russland trinkt man diesen milchsauer vergorenen, sehr, sehr sauren Trunk schon seit Jahrhunderten. Hierzulande startet er gerade sein Trenddasein. Kwass – ein anderer Name dafür – stärkt die Abwehrkräfte, entgiftet und bringt die Verdauung in Schwung. Er vertreibt schädliche Bakterien und Pilze, hilft, eine gesunde Darmflora aufzubauen, und macht eine makellose Haut.

TIPP

MEIN LEBENSELIXIER

Ich stelle mir meine Mikroorganismen für den Darm selbst her. Zugegeben, auf sehr, sehr faule Art und Weise. Ich nehme einen Liter Saft (naturtrüb, nicht pasteurisiert) und gebe da Tütchen rein: eine Starterkultur aus einem uralten Rezept der Bergvölker des Himalaya (Bezugsquelle ▶ **siehe Seite 126**). Nach zwei Tagen Fermentation ist der Zucker verschwunden, dafür sind rund 40 Milliarden enzymaktive Mikroorganismen entstanden, Probiotika für den Darm. Passt hervorragend in meinen Morgensmoothie.

KOMBUCHA

Der wunderkräftige Teepilz aus Asien ist ganz irdisch Darmmedizin. Er vergärt gezuckerten Tee zu einem prickelnden Getränk. Easy zum Selbst-Ansetzen. Ideal im veganen Smoothie. Achtung: Fertiger Kombucha enthält oft viel Zucker.

Supergute Weckamine

Auch die Fatburner-Kraft von Kaffee oder Tee kann man im Morgensmoothie nutzen.

KAFFEE, GRÜN

Grünen, also ungerösteten Kaffee gibt's wie Tee im Beutel zum Aufbrühen. In Bioqualität. Sein Koffein kurbelt die Fettverbrennung an. Grüner Kaffee schmeckt ein wenig nach Gras. Er enthält B-Vitamine und Vitamin C – all die guten Stoffe, die beim Rösten verloren gehen. Seine Chlorogensäure schützt vor freien Radikalen, wirkt positiv auf Blutfett- und Leberwerte und reguliert den Insulinspiegel, beugt Diabetes vor. Dieser Kaffee ist wirklich ideal für das Abnehmen.

TEE, GRÜN

Der Aufguss aus den unfermentierten Teeblättern fördert die Verdauung, entgiftet die Leber. Seine Polyphenole sind hundertmal effektivere Antioxidantien als Vitamin C, weshalb er eine Rolle im Immunsmoothie spielt. Catechine aus Grüntee hemmen die Speicherung von Fett im Körper und in der Leber – und steigern den Energieverbrauch.

MATCHA

Fein gemahlene, junge grüne Teeblätter, die man mittrinkt. Müde? Da hilft ein Teelöffel Matcha im Smoothie. Dieser Tee zählt zu den Lebensmitteln mit dem höchsten ORAC-Wert für die antioxidative Kapazität. Die Lebendigkeit. Im Hemmen von Entzündungen ist Matcha schier unschlagbar.

TEE, SCHWARZ

Seine Polyphenole schützen jede Zelle vor oxidativem Stress. Sein Koffein regt die Fettverbrennung an, Tannine wirken entzündungshemmend und beruhigen den Magen-Darm-Trakt. Ideal also auch als Mixsprit.

TEE, WEISS

Er gilt als der allerfeinste – und allerteuerste – Tee der Welt. Man braucht nur eine kleine Menge. Weißer Tee unterstützt den Fettabbau und programmiert unsere Gene auf schlank. Er verhindert, dass sich aus Präadipozyten potente Fettzellen entwickeln.

TIPP

TEE IM SMOOTHIE

Tee oder auch grünen Kaffee bereiten Sie am besten am Abend zuvor zu, damit er über Nacht auskühlen kann. Am Morgen dann hinein damit in den Fatburner-Smoothie!

PU-ERH-TEE

Der rote Tee stimuliert den Stoffwechsel, stärkt das Immunsystem und regt die Fettverbrennung an. Mit seiner harntreibenden Wirkung spült er Giftstoffe aus dem Körper und intensiviert den Leberstoffwechsel.

KRÄUTERTEES

Vor allem Obst kann man im Smoothie wunderbar mit den heilsamen Ingredienzien von Kräuter- und Früchtetees vermählen. Experimentieren Sie mit Fenchel-, Rooibos-, Pfefferminz-, Holunderblüten-, Hagebutten-, Malventee …

Vitalstoffextras: Die kleinen Zusatz-Zaubermittel

Superfood, Functional Food, Lebensmittel, die helfen und heilen – davon kennt die Natur viel mehr als die Industrie. Was gut ist, kommt in den Smoothie.

Bitte mit essenziellen Fetten

Ein Schuss Öl im Smoothie macht dem Körper viele Vitalstoffe erst zugänglich. Und er liefert den Supertreibstoff namens Fatburner-Energie. Wechseln Sie zwischen den vielen guten Sorten.

LEINÖL

Mito-Medizin. Macht fröhlich. Wach. Klug. Schlank. Seine Omega-3-Fettsäuren halten die Zelle geschmeidig jung. Sie locken gute Eicosanoide, Gewebehormone, die jede Zelle schützen. Leinöl senkt zudem erwiesenermaßen das Diabetesrisiko.

Ein gutes Leinöl sollte man immer im Kühlschrank aufbewahren und möglichst schnell verbrauchen. Ideal im Smoothie, in den man – einen guten Mixer vorausgesetzt – auch Leinsamen geben kann.

ARGANÖL

Das »flüssige Gold Marokkos« gilt dort seit Jahrhunderten als Jungbrunnen – von innen und außen. Es enthält wichtige Omega-Fettsäuren, außerdem Phenole und Squalene. Sein Gehalt des Radikalfängers Vitamin E liegt fast dreimal höher als der von Olivenöl. Wahre Mito-Medizin!

HANFÖL

Das gelbgrüne Öl aus Hanfsaat schmeckt angenehm nussig, fruchtig, herb. Seine Fettsäurezusammensetzung versorgt den

---

INFO

GLEICH VORAB MISCHEN

Ich kauf mir kleine Fläschchen der verschiedenen Öle, mixe sie in einer großen dunklen Flasche und stelle sie in den Kühlschrank. Und täglich nehme ich davon zwei, drei Esslöffel als pure Medizin. Auch im Smoothie.

Körper optimal mit Omega-3-Fettsäuren. Nur wenige Öle können mit seiner Menge an Alpha-Linolensäure mithalten. Also hinein damit in den Morgensmoothie.

KOKOSÖL

Ein Star in der Küche und darüber hinaus sogar im Medizinschrank. »Ekzeme vollkommen verschwunden.« »Plötzlich viel mehr Energie.« »Ganz leicht abgenommen.« »Plötzlich gar keine Erkältung mehr.« Das sind alles Aussagen von Menschen, die auf die Heilkraft von Kokosöl schwören. Es besteht zu 63 Prozent aus mittelkettigen Fett-

Walnüsse liefern ein hochwertiges Öl, wie gemacht für den Morgensmoothie.

säuren, die die Leber in Ketone umwandelt. Diese passieren die Blut-Hirn-Schranke, versorgen die Gehirnzellen mit Energie und brauchen dafür keinerlei Insulin. Kokosölfette wirken antimykotisch, antibakteriell und antiviral.

Im Weißen Smoothie bekämpft Kokosöl Heißhunger, Candida und schenkt Energie – man nennt ihn daher auch liebevoll Lubrikator, »Schmiermittel«. Einfach 2 rohe Eier (bitte salmonellenfreies Bio!), Saft von 1/2 Limone, 3 Esslöffel Kokosöl und 1 Esslöffel Kokoszucker verquirlen. Wer will, kann das noch mit einem Apfel, ein paar Nüssen und vier Aprikosenkernen anreichern.

OLIVENÖL

Olivenöl macht schlank – und satt. Es besteht zu 75 Prozent aus der einfach ungesättigten Ölsäure. Die schlägt nicht auf die Hüfte. Die Aromastoffe des Olivenöls regulieren den Blutzuckerspiegel. Die Bauchspeicheldrüse schüttet dann weniger Insulin aus. Die Aromastoffe bremsen die Aufnahme von Zucker in die Leber – und drosseln den Appetit. Besser geht es nicht.

NUSSÖLE

Walnuss-, Haselnuss-, und Mandelöl versorgen uns mit reichlich gesunden ungesättigten Fettsäuren. Sie stärken das Immunsystem und kurbeln den Fettstoffwechsel an. B-Vitamine aus diesen Ölen unterstützen das Gehirn und Cholin und Lezithin rüsten uns gegen Stress. Das tun sie natürlich auch, wenn die ganzen geschälten Nüsse im Mixer gesmootht werden.

Nüsse, Kerne, Samen

30 Gramm täglich sollten auf dem Speiseplan stehen, für einen guten Enegiestoffwechsel und ein kräftig schlagendes Herz.

CHIASAMEN

Die kleinen südamerikanischen Total-im-Trend-Samen regen die Verdauung an, putzen den Darm durch und entgiften. Chia enthält mehr Omega-3s als Leinsamen, wertvolles Eiweiß, Unmengen Ballaststoffe, Eisen und Kalzium. Die Samen sind reich an den basischen Mineralien Kalium und Magnesium und an Antioxidantien. Ein Löffel davon im Smoothie macht ihn cremig und

TIPP

CHIASAMEN-GEL

Dafür mischt man einen Teil Chiasamen in sechs Teile Flüssigkeit (Mandelmilch, Saft oder klassisch Wasser). Im Kühlschrank mindestens zehn Minuten, besser über Nacht quellen lassen. Am nächsten Morgen stehen dem Körper all die wunderbaren Nährstoffe zur Verfügung. Das Gel hält sich ungefähr eine Woche.

hält bis zum Mittag satt. Chia hält den Insulinspiegel stabil und senkt den glykämischen Index einer Mahlzeit. Immer etwas Chiasamen-Gel im Kühlschrank parat haben!

ERDMANDELN

Schon auf Seite 80 unter den Süßmachern tauchen die kleinen Knollen auf. Auch hier finden sie ihren berechtigten Platz, denn sie liefern jede Menge Vitalstoffe extra. Das Zyperngras heißt auch Erdmandel, weil der Geschmack nämlich an Mandeln erinnert. In Spanien ist eine erfrischende Erdmandelmilch, die »Horchata de Chufa«, beliebt. Im Smoothie bekämpfen Erdmandeln Heißhunger, regen die Verdauung an und halten lange satt. Chufas sind reich an Vitamin E, Omega-3s und Mineralstoffen wie Kalium, Eisen, Magnesium, Zink. Theoretisch könnte man wochenlang nur mit Chufas und Wasser überleben. Es ist alles drin. Na ja, aber dann doch lieber mit Smoothies.

HANFNÜSSE

Geschälte und ungeschälte Biohanfnüsse passen wunderbar in den Smoothie und verleihen ihm eine leicht nussige Note. 30 Prozent Eiweiß mit hoher biologischer Wertigkeit und viele ungesättigte Fettsäuren machen fit und satt. High wird man davon nicht. Aber bestens versorgt. Mit allen essenziellen Aminosäuren, Vitamin B_1, B_2 und E, Magnesium, Kalium, Eisen, Kalzium. Zwar kosten die Samen eine ganze Stange

Geld (ab 5 Euro für 250 Gramm). Die Investition lohnt sich aber für Gourmets. Und für Veganer sowieso: Das Eiweiß der Hanfnüsse kann vom Körper beinahe genauso gut verwertet werden wie tierisches Protein.

SESAM

Pflegt wie Nüsse die Nerven mit essenziellen Fettsäuren, Vitamin B und Magnesium. Sesam macht wach und schenkt Mito-Energie.

KOKOSNUSS

Sie gilt als Superfood, stärkt die Immunkraft, wirkt antibiotisch, senkt Cholesterin und entgiftet den Körper. Außerdem liefert sie viel Selen. Das schützt vor Krebs und lockt Psychohormone, die fröhlich und auch schlank machen. Verwöhnt mit B-Vitaminen die Nerven!

WALNUSS, HASELNUSS, MANDEL

Sie stärken das Herz und schonen die Waage. Sie stecken voller gesunder Fette, schlank machendem Eiweiß, Ballaststoffen, Vitaminen, Spurenelementen und Krebsschutzstoffen. Ihre vielen Kalorien schlagen nicht auf die Hüften, weil der Körper Nüsse gar nicht ganz verwerten kann. Ein kräftiger Mixer zerschlägt die geschälten Nüsse wie nix.

KAKAO

Die Mayas und Azteken hatten kein lösliches Schokipulver in der Tasse, diesen zuckersüßen Industriemüll. Sie mörserten die Kakaobohnen mit Chili oder Vanille und verquirlten das mit heißem Wasser. Der Göttertrunk, der Xoco-atl (Bitter-Wasser), galt als Quelle der Weisheit und großer Energie. So hält reines Kakaopulver ohne Zucker heute noch jung. Kakaobohnen kann man auch so knabbern oder in einen guten Mixer werfen. Eine unglaublich einfache Art und Weise, sein tägliches Bitterstoffkonto ins Plus zu bringen.

INGWER

Die scharfe Knolle bringt Aufregung für die Geschmackspapillen und liefert außerdem die Mito-Medizin Magnesium, Eisen, Vitamin C, Phosphor, Kalium und Kalzium. Schon lange weiß man, dass Ingwer ähnlich wie Aspirin wirkt: nämlich Entzündungen hemmt, Schleim löst und Schmerzen lindert. In Smoothies sorgt Ingwer für den Frischekick, den wir am Morgen oft brauchen. Und er kurbelt die Fettverbennung an. Wenn der Mixer nicht stark genug ist, kann man die Knolle reiben.

ZITRONENGRAS

Es ersetzt tatsächlich die Abnehmpille. Denn das asiatische Gewürz regt den Stoffwechsel an. Und sein Aromastoff Limonen macht schlank. Schmeckt als Tee und als Gewürz. Dafür längs aufschlitzen und für den Smoothie einen Tee kochen, der dann abgekühlt als »Sprit« dient. Oder ein kleines Stück mitpürieren.

LECKERE BLÜTEN

Sie verzaubern den Morgen, schicken Fröhlichkeit ins Herz und wirkungsvolle Naturmedizin in jede Körperzelle.

Zurzeit freue ich mich über die dunkellila Malvenblüten in meinem Bauerngarten. Sie erinnern mich an eines meiner Lebensmotti: Schau, was man damit alles machen kann. Bring der Natur Wertschätzung entgegen. So vieles, was sie uns schenkt, lohnt sich nämlich mehr als nur anzugucken. Wie die Malvenblüte. Sie sieht hübsch aus auf dem Smoothie – und heilt. Sobald sie sich zusammenzieht, kann man sie abzupfen und trocknen. Für einen wunderbaren Tee – vor allem für die Schleimhäute in Mund, Rachen, Bronchien, Darm.

MALVEN IM SMOOTHIE

Zehn Gramm getrocknete Malvenblüten in einen Liter kaltes Wasser geben, nach 24 Stunden abseihen, fertig. Eilige können die Blüten mit heißem Wasser aufkochen. Sieht dann aus wie rote Limonade und passt wunderbar in den Smoothie.

NOCH MEHR BLÜTZENZAUBER

Borretsch (Gurkenkraut) schmeckt, wie der Name schon sagt, ein bisschen nach Gurke. Blätter und Blüten passen in den Greenie.

Die Heilwirkung: beruhigend, entgiftend, entzündungshemmend, schweißtreibend. **Kapuzinerkresseblüten** geben dem Smoothie eine würzig-scharfe Note. Ihre Senföle stärken das Immunsystem und befreien die Darmschleimhaut von Entzündungserregern. **Gänseblümchen** helfen bei träger Verdauung, lindern Magen-Darm-Verstimmungen und regen den Stoffwechsel an. Zu viele davon sind allerdings giftig! Bis zu fünf im Smoothie sind bedenkenlos möglich. **Süßkleeblüten** schmecken fein nach Honig und schenken gesunde Energie. Auf der Bergwanderung sammeln und ab und zu eine »zuzeln«, das gibt Power bis zur nächsten Alm. **Ringelblumen** wirken gegen Entzündungen und schenken eine schöne Haut. **Löwenzahnblüten** reinigen das Blut und unterstützen Leber wie Galle beim Fettabbau.

»It-Foods« und spleenige Extras

Es ist wirklich fast alles möglich! Sie können Ihren Smoothie täglich neu entdecken, können kreieren und experimentieren. Auch mit den folgenden Extras.

ALGENPULVER

Ob Chlorella, Spirulina oder Afa – kein anderes Lebensmittel ist so reich an Vitalstoffen und so arm an Kalorien. 100 Gramm liefern nur 35 davon. Algen zügeln außerdem den Appetit, helfen gegen Übergewicht, gegen Stress, beschleunigen die Wundheilung, schützen vor Herzinfarkt und vor Krebs. Sie liefern Chlorophyll, das im Körper hilft, Zellen zu reparieren, die Abwehrkräfte stärkt und die Blutbildung anregt. Es ist ein Super-Antioxidanz und entschärft sogar Schwermetalle.

INULIN

Ein löslicher Ballaststoff aus der Zichorienwurzel, der den guten Darmbakterien als präbiotisches Futter dient. Ein bis zwei Esslöffel Inulinpulver täglich sanieren den Darm und vermindern die Anzahl von schlechten Fäulnisbakterien zugunsten der guten Bifido- und Säurebakterien.

L-GLUTAMIN

Diese Aminosäure ist der Hauptnährstoff der Dünndarmzellen und damit der Darmschleimhaut. In Stresssituationen ist der Glutaminbedarf erhöht. Und auch wer schon ein paar Löchlein im Darm hat und unter einer Lebensmittelunverträglichkeit leidet, braucht mehr davon. Er gibt dann zwei- bis dreimal täglich je ein Gramm Pulver direkt in den Smoothie!

LUCUMAPULVER

Das Pulver der süßen, heilenden Andenfrucht steckt voller Mito-Mineralien, die eine gesunde Zellfunktion unterstützen. Viele B-Vitamine und Ballaststoffe entstressen Kopf und Verdauung. Beta-Carotin stärkt als Radikalfänger das Immunsystem.

MACA

Die Wunderknolle aus den Anden! Vor allem macht sie wach und leistungsfähig. Das Superfood der südamerikanischen Inkas wirkt als natürliches Aphrodisiakum und kann bei unerfülltem Kinderwunsch und in

BIG FIVE – DIE KOMMEN IN DEN MIXER

den Wechseljahren hilfreich sein. Maca stärkt außerdem die Stressresilienz und reguliert den Cholesterinspiegel mit einer Reihe Phytosterole. Dank seiner Ballaststoffe reguliert Maca darüber hinaus auch noch die Verdauung.

MORINGA

Moringablätter enthalten siebenmal so viel Vitamin C wie Orangen, viermal so viel Kalzium wie Milch, dreimal mehr Kalium als Bananen, weit mehr Vitamin A als die Karotte, mehr Eisen als Spinat und in einem Gramm steckt das Zehnfache des Tagesbedarfs an Vitamin E. Noch dazu besteht das Blatt aus gut 30 Prozent Eiweiß, inklusive aller essenziellen Aminosäuren. Und es fördert die Verdauung. Angeber! Die frischen Wunderblätter gibt's bei uns leider nicht zu kaufen, dafür aber das Pulver. Auf die Bezeichnung »Moringa oleifera« achten – das ist mit Abstand die wirksamste Art.

PROBIOTIKA

Sie stecken in Joghurt, Sauerkraut oder Brottrunk. Wer den Darm noch mehr unterstützen und die Verdauung auf Trab bringen möchte, gibt ein gutes Probiotikapulver direkt mit in den Smoothie. Einfach in der Apotheke beraten lassen.

SACHA-INCHI-SAMEN

Die sternförmigen Samen, auch bekannt als Inka-Erdnuss oder Berg-Erdnuss, schme-

cken mild und nussig. Sie liefern neben Eiweiß Omega-3- und Omega-6 Fettsäuren im perfekten Verhältnis.

SUPERFOOD-BEEREN

Hierzu zählen Acai, Aronia, Camu-Camu, Cranberry, Gojibeere. Meist gibt es sie getrocknet. Möglichst darauf achten, dass sie bio und ungezuckert sind.

> **»Eure Lebensmittel sollen eure Heilmittel sein.«**
>
> HIPPOKRATES

WEIZENGRAS, GERSTENGRAS

Wie Frühling zum Trinken! Der Saft aus den jungen Trieben enthält sechzigmal mehr Vitamin C als Orangen, fünfzigmal mehr Vitamin E als Spinat, elfmal mehr Kalzium als Rohmilch und noch viele andere »Mehr als«. Weizengras zählt zu den chlorophyllhaltigsten Pflanzen der Erde. Das grüne Farbpigment vitalisiert, hilft, Körperzellen zu regenerieren, stärkt die Abwehrkräfte. Es fördert die Blutbildung, sorgt für eine gute Verdauung, entgiftet und schützt vor Krebs. Und es lässt uns sogar angenehm duften. Fatburner – und grüne Medizin. Also: Rein damit in den Smoothie! Auch als Pulver.

SMOOTHIES FÜR MEHR ENERGIE

Alle unsere Rezepte sind für zwei Portionen. Weil man schon einen halben Liter mixen muss, damit das gut funktioniert. Sie smoothen alleine? Dann machen Sie trotzdem die volle Menge und heben die Hälfte im Kühlschrank für den nächsten Morgen auf. Oder Sie nehmen sie mit ins Büro. Trinken sie zum Mittagessen oder Abendessen dazu. Oder schenken sie dem Nachbarn. Eine Portion Smoothie macht Sie nicht satt? Na,

dann genießen Sie einfach mehr. Gucken Sie nur darauf, dass Sie morgens mit den Kohlenhydraten nicht über 30 bis 40 Gramm kommen. Sie können auch mit Eiweiß und Gemüse aufstocken. Nur mit Obst nicht. In dieser ersten Rezeptrubrik finden Sie die perfekten Muntermacher für alle, die morgens meist noch nicht so richtig wach sind. Der Körper braucht dann einen Energie-Kick. Einen Smoothie voller Weckamine.

BEEREN-SCHOKO-SMOOTHIE

200 g gemischte Beeren (z. B. Heidel-, Him-, Erdbeeren) | 80 g junge Brennnesselblätter oder Baby-Spinat | 1 EL schwach entöltes Kakaopulver (oder rohe Kakaobohnen) | 2 EL Eiweißpulver | 2 TL flüssiger Akazienhonig | 200 ml ungesüßter Mandeldrink

Für 2 Portionen à ca. 250 ml |
Zubereitung: 10 Min.
Pro Portion: ca. 15 g EW, 4 g F, 17 g KH

1 Die Beeren kurz abbrausen und verlesen. Brennnessel- oder Spinatblätter waschen, abtropfen lassen und verlesen. Zusammen mit dem Kakao- und Eiweißpulver sowie dem Honig in den Mixer geben.
2 Den Mandeldrink zufügen und das Ganze erst auf kleiner Stufe, dann auf höchster Stufe cremig-fein pürieren. Gleich genießen.

GRANATAPFEL-SMOOTHIE

½ Granatapfel (ca. 200 g) | 1 säuerliche Birne | 1 getrocknete Feige | ¼ Biozitrone | 60 g junger Blatt-Grünkohl (z. B. Picco-Kale; alternativ TK-Grünkohl) | 2 EL Haselnussmus

Für 2 Portionen à ca. 250 ml |
Zubereitung: 15 Min.
Pro Portion: ca. 5 g EW, 10 g F, 29 g KH

1 Die Kerne vom halben Granatapfel über einer Schüssel mit einer Gabel aus der Frucht lösen (vorsichtig, das spritzt!), den Saft dabei auffangen. Die Schale und das weiße Fruchtfleisch weitgehend entfernen. Die Birne waschen, achteln, Stiel und Blütenansatz entfernen, das Kerngehäuse belassen. Die Feige klein schneiden. Die viertel Zitrone heiß waschen. Alle Früchte in den Mixer geben.
2 Den Blatt-Grünkohl gründlich waschen und abtropfen lassen. Zusammen mit dem Nussmus in den Mixer füllen.
3 250 ml Wasser angießen. Kurz auf kleiner Stufe starten, dann alles auf höchster Stufe so lange mixen, bis sich die Granatapfelkerne vollständig aufgelöst haben. Die Konsistenz vom Drink prüfen. Noch 50 ml Wasser untermixen, falls er zu dick ist.

MÖGLICHST PICCO-KALE

Dieser ganz junge blättrige Grünkohl ist im Sommer im gut sortierten Gemüseladen erhältlich. Mit seinem aromatischen, leicht säuerlichen Geschmack eignet er sich hervorragend roh zum Mixen.

PAPAYA-KOKOS-TRAUM

1 Stück Papaya (100 g) | ½ rosa Grapefruit |
2 Blätter Chinakohl (60 g) | 2 Stiele Thymian |
1 EL weißer Aceto balsamico | 100 ml ungesüß-
te Kokosmilch (Dose) | 100 ml Kokoswasser

Für 2 Portionen à ca. 300 ml |
Zubereitung: 10 Min.
Pro Portion: ca. 1 g EW, 1 g F, 12 g KH

1 Die Papaya schälen, die Kerne bis auf ungefähr 5 Stück entfernen und das Fruchtfleisch
klein schneiden. Die Grapefruit ebenfalls schälen und grob würfeln. Die Papaya samt den zu-
rückbehaltenen Kernen und die Grapefruitwürfel
in den Mixer geben.

2 Den Chinakohl waschen, abtropfen lassen
und klein schneiden. Den Thymian abbrausen,
trocken schütteln, Blättchen von den Stielen
streifen. Chinakohl und Thymian mit Essig und
Kokosmilch in den Mixer geben.

3 Kokoswasser oder Wasser dazugeben. Den
Mixer kurz auf kleiner Stufe starten, dann alles
auf höchster Stufe so lange pürieren, bis sich
auch die Papayakerne vollständig aufgelöst haben und ein cremiger Drink entstanden ist.

NoCarb

GREEN–COFFEE–SMOOTHIE

2 Aufbrühbeutel grüner Kaffee | ½ Vanille-schote | 125 g Brombeeren | ¼ Biolimette | 50 g gemischter Pflücksalat | 2 EL Mandeln | 2 TL flüssiger Akazienhonig

Für 2 Portionen à ca. 250 ml | Zubereitung: 20 Min. (plus mind. 2 Std. zum Abkühlen) Pro Portion: ca. 4 g EW, 9 g F, 10 g KH

1 Am Vortag den grünen Kaffee mit 250 ml kochendem Wasser aufgießen, 10 Min. ziehen lassen, die Kaffeebeutel entfernen. Vanilleschote mit einem Messer längs aufschneiden, das Mark herauskratzen. Schote und Mark in den Kaffee geben, über Nacht abkühlen lassen.

2 Morgens Brombeeren abbrausen, verlesen. Limette heiß waschen. Salat abbrausen, abtropfen lassen, verlesen. Die Zutaten mit Mandeln und Honig in den Mixer geben.

3 Die Vanilleschote aus dem Kaffee entfernen und die Flüssigkeit in den Mixer gießen. Das Gerät kurz auf kleiner Stufe starten, dann alles auf höchster Stufe cremig-fein pürieren. Nach Wunsch am Ende Eiswürfel mitmixen.

INFO

BIG FIVE FÜR MEHR ENERGIE

1. Obst und Gemüse: Avocado, Ananas, Apfel, Aprikose, Banane, Beeren, Birne, Granatapfel, Kiwi, Mango, Melone, Papaya, Zitrusfrüchte; Artischocke, Brokkoli, Gurke, Paprika, Staudensellerie, Tomate, Zucchini, fermentiertes Gemüse

2. Grüne Blätter: Baby-Spinat, junger Blatt-Grünkohl, Baby-Mangoldblätter, Chinakohl, Chicorée, Eisbergsalat, Pflücksalat, Romanasalat; Basilikum, Minze, Thymian, Brennnesseln, Wilder Rucola, Sauerampfer, Oregano, Petersilie, Salbei, Algen

3. Süß-Stoff: Datteln, getrocknete Feigen, Akazienhonig, Agavendicksaft

4. Mixsprit: Grüner Kaffee, Mineralwasser, grüner Tee, Mandeldrink, Kokoswasser, Ziegenmilch, Buttermilch, grüner Matetee, schwarzer Tee, Naturjoghurt, Kombucha

5. Superfood: Chili, rohe Bioeier, Kokosöl, Kokosmilch, Kurkuma, Ingwer, Mandeln, Cashewkerne, Kakao, Wasabi, Superfood-Beeren (Acaibeeren, Goji-beeren oder andere), Chiasamen, Weizengrassaft, Kürbiskerne, Sesamsamen, Anis, schwarzer Pfeffer, Vanille, Essig, Nussmus, Senf, Leinöl, Olivenöl, grüne Oliven, Knoblauch, Matchapulver, Moringapulver

WILDKRÄUTER-POWERMIX

100 g junge Zucchini | ½ Banane |
100 g gemischte Wildkräuter (z. B. Wilder
Rucola, Sauerampfer, Schafgarbe, Spitzwege-
rich, Vogelmiere, Fenchel, Knoblauchrauke) |
1 EL Apfelessig | 1 TL mittelscharfer Senf |
2 TL Leinöl | 250 ml Ziegen- oder Buttermilch |
Meersalz | schwarzer Pfeffer

Für 2 Portionen à ca. 250 ml |
Zubereitung: 10 Min.
Pro Portion: ca. 7 g EW, 8 g F, 12 g KH

1 Die Zucchini waschen und würfeln. Die Banane schälen und in Scheiben schneiden. Zusammen in den Mixer geben.

2 Die Kräuter kurz abbrausen, abtropfen lassen, verlesen und klein schneiden. Mit Essig,
Senf und Leinöl in den Mixer geben.

3 Die Ziegen- oder Buttermilch zufügen. Den
Mixer kurz auf kleiner Stufe starten, dann alles
auf höchster Stufe kurz und kräftig pürieren. Anschließend etwas Salz und Pfeffer zufügen und
erneut kurz mixen.

LUST AUF EIN BISSCHEN SCHÄRFE?

Dann ersetzen Sie etwa ein Drittel der Wildkräuter im Smoothie durch eine Handvoll frische Radieschen- oder Rettichsprossen.

NoCarb

GEMÜSE-OLIVEN-SMOOTHIE

2 Tomaten (150 g) | ½ Bio-Salatgurke (150 g) |
8 grüne Oliven | 2 TL Apfelessig | 1 Oregano-
zweig | 1 kleine Knoblauchzehe (nach Belie-
ben) | 2 TL Matchapulver | 2 EL Erbseneiweiß-
pulver | 1 EL Olivenöl | Meersalz | schwarzer
Pfeffer

Für 2 Portionen à ca. 350 ml |
Zubereitung: 10 Min.
Pro Portion: ca. 12 g EW, 7 g F, 5 g KH

1 Die Tomaten und die halbe Gurke waschen
und klein schneiden. Das Olivenfleisch vom
Stein schneiden. Alle drei Zutaten mit dem Essig
in den Mixer geben.

2 Oregano abbrausen und grob hacken. Knoblauchzehe (nach Belieben) abziehen. Beides mit
dem Matcha- und Eiweißpulver sowie dem Olivenöl in den Mixer geben. 200 ml Wasser zufügen. Kurz auf kleiner Stufe starten, dann alles
auf höchster Stufe cremig pürieren. Etwas Salz
und Pfeffer dazugeben und erneut mixen.

AUCH ALS SUPPE

Möchten Sie den Smoothie lieber als Kaltschale löffeln? Dann geben Sie noch
50 bis 100 Gramm Crushed Ice dazu und mixen den Smoothie erneut kurz und kräftig. In
einem tiefen Teller oder einer Schale anrichten und mit einigen Oreganoblättchen bestreut servieren. Im Winter können Sie die
Suppe sogar leicht erwärmt genießen.

BLITZMIXEN: ENERGYDRINKS

Ebenso schnell beschrieben wie zubereitet: die Blitzrezepte
für den Energieschub.

ORANGEN-TEE-SMOOTHIE

1 Orange schälen, 2 entsteinte Datteln und
100 g Chinakohlblätter klein schneiden. Mit
½ Biolimette, 2 Salbeiblättern, 2 EL Cashews
und 300 ml gekühltem schwarzem Tee mixen.

BLACK-BERRY-SHAKE

100 g Schwarze Johannisbeeren, 50 g Brokkoliröschen, ¼ Biozitrone, 100 g Baby-Mangoldblätter, 1 EL Mandeln und 250 ml Kombucha im
Mixer fein pürieren.

GRÜNER APFEL-CHIA-DRINK

1 Apfel, ½ geschälte Banane (75 g), ½ Biozitrone und 1 kleine Stange Staudensellerie mit Grün
klein schneiden. Mit 2 EL Chiasamen-Gel,
100 g Baby-Spinat und 250 ml Wasser pürieren.

MELONEN-GURKEN-MIX

100 g geschälte Honigmelone und 1 Minigurke
würfeln. Mit ½ Biolimette, 1 Handvoll Basilikum,
2 EL Kürbiskernen und 250 ml Ziegen- oder
Schafsmilch im Mixer glatt pürieren.

KIWI-MORINGA-SMOOTHIE

1 Kiwi und ½ Avocado schälen, beides und
1 Chicorée klein schneiden. Mit 150 g Naturjoghurt, 1 TL Moringapulver, 2 TL Akazienhonig,
1 EL Apfelessig und 150 ml Wasser mixen.

SMOOTHIES FÜR EIN TOP IMMUNSYSTEM

Sie wissen es bereits: Ein gutes Immunsystem hilft dabei, der Fettpölsterchen Herr zu werden. Dafür sorgt der Smoothie morgens. Und ganz besonders die folgenden. Mit magischen Immunhelfern wie Kokoswasser, Brokkoli, Grünkohl, Schwedenmilch … Auch hier mixen Sie die doppelte Portion, genießen ein Glas gleich und geben die andere Hälfte Ihrem Partner oder stellen sie in einer Flasche in den Kühlschrank. Wenn Sie von einem Glas nicht satt werden, dann trinken Sie mehr. Gucken Sie nur, dass Sie auch hier mit den Kohlenhydraten unter 40 Gramm bleiben. Auch in diesem Kapitel haben Veganer die Wahl: Entweder sie nehmen Lupinenjoghurt oder Seidentofu statt Joghurt zum Mixen. Oder sie greifen zu ungesüßtem Mandeldrink. Wer will, reichert den Smoothie zusätzlich noch mit zwei Esslöffeln Erbsen- oder Hanfeiweißpulver an.

BEEREN-CHUFAS-LASSI

200 g TK-Waldbeeren-Mischung |
¼ Biozitrone | 2 EL Erdmandelflocken
(Chufas) | 2 TL Walnuss-, Mandel- oder
Arganöl | 1 TL flüssiger Akazienhonig |
½ TL Zimtpulver | 250 ml Buttermilch, Kefir
oder Schwedenmilch

Für 2 Portionen à ca. 250 ml |
Zubereitung: 5 Min.
Pro Portion: ca. 6 g EW, 10 g F, 19 g KH

1 Die Beerenmischung mit dem gewaschenen
Zitronenstück, den Chufas, Öl, Honig und Zimtpulver in den Mixer geben.
2 Buttermilch, Kefir oder Schwedenmilch zufügen. Den Mixer kurz auf kleiner Stufe starten,
dann alles auf höchster Stufe cremig pürieren.
So lange, bis sich auch die Kernchen der Beeren
vollständig aufgelöst haben.

VEGANE VARIANTE

Veganer können die Buttermilch durch ungesüßten Mandel- oder Sojadrink ersetzen und
zusätzlich noch 2 EL Eiweißpulver (zum Beispiel aus Erbsen) untermixen.

TRAUBEN-SPINAT-FLIP

2 frische Bioeier (Größe M) | 70 g grüne Wein-
trauben | ¼ Biozitrone | 2 Hände voll
Baby-Spinat (80 g) | 3 Salbeiblätter |
2 TL Leinöl | 200 ml Kokoswasser
oder Wasser

Für 2 Portionen à ca. 350 ml |
Zubereitung: 10 Min.
Pro Portion: ca. 8 g EW, 14 g F, 12 g KH

1 Die Eier aufschlagen und in den Mixer geben,
kurz auf mittlerer Stufe cremig mixen. Die Trauben waschen, von den Stielen zupfen. Die Zitrone heiß waschen. Beide Zutaten dazugeben.
2 Spinat und Salbeiblätter abbrausen, abtropfen lassen und klein schneiden. Zusammen mit
dem Leinöl und Kokoswasser oder Wasser zufügen. Erst auf kleiner Stufe starten, dann auf
höchster Stufe cremig pürieren.

SPRIT-TIPP

Statt mit Kokoswasser schmeckt der Drink
auch prima mit gekühltem schwarzem oder
grünem Tee.

BROKKOLI-NUSS-AYRAN

3 Brokkoliröschen (80 g) | 80 g Zucchini |
1 kleiner Apfel | ¼ Biozitrone | 2 EL Haselnuss-
oder Mandelmus | 250 g Naturjoghurt |
1 Prise Meersalz | Stevia (nach Belieben)

Für 2 Portionen à ca. 300 ml |
Zubereitung: 10 Min.
Pro Portion: ca. 10 g EW, 13 g F, 15 g KH

1 Brokkoli und Zucchini putzen, waschen und
klein schneiden. Den Apfel waschen, vierteln,
von Blüten- und Stielansatz befreien, grob zerteilen. Die Zitrone heiß waschen. Alle diese Zutaten und das Nuss- oder Mandelmus in den
Mixer geben. 100 ml Wasser zufügen. Auf kleiner
Stufe starten, dann alles auf höchster Stufe
cremig-fein pürieren.
2 Den Naturjoghurt und die Prise Salz sowie
Stevia nach Belieben dazugeben. Das Ganze
erneut kurz und kräftig mixen.

NoCarb

APRIKOSEN-MATETEE-DRINK

2 TL Mateteeblätter | 2 reife Aprikosen |
½ säuerlicher Apfel | ¼ Biozitrone | 6 Blatt
Romanasalat (60 g) | 1 TL Agavendicksaft |
2 EL Chiasamen-Gel

Für 2 Portionen à ca. 250 ml | Zubereitung:
20 Min. (plus mind. 2 Std. Abkühlzeit)
Pro Portion: ca. 4 g EW, 5 g F, 9 g KH

1 Den Matetee mit 250 ml etwa 80 Grad heißem Wasser übergießen und nach 5 Min. abseihen. Auskühlen lassen.
2 Die Aprikosen waschen, entsteinen und vierteln. Den Apfel halbieren, Stiel und Blütenansatz
entfernen, Kerngehäuse belassen. Die Zitrone
heiß waschen. Die Früchte in den Mixer geben.
3 Den Romanasalat entblättern, waschen und
klein schneiden. Mit Agavendicksaft und Chiasamen-Gel zum Obst geben. Matetee dazugießen
und alles im Mixer erst auf kleiner Stufe, dann
auf höchster Stufe fein-cremig pürieren.

ANGENEHM ANREGEND

Grüner Matetee ist in vielen Ländern Süd-
amerikas populär – ähnlich anregend wie
schwarzer Tee und gut bekömmlich. Er
schmeckt warm oder kalt. Am besten bereiten Sie ihn schon am Vortag zu, damit das
Mixen schnell geht.

AVOCADO-
WASABI-SMOOTHIE

½ reife Avocado | 2 schlanke Frühlings-
zwiebeln | ½ Biolimette | 50 g TK-Erbsen |
80 g Baby-Paksoi | 6 Stiele Koriandergrün |
2 TL Wasabi (Tube) | 1 Prise Meersalz |
100 ml ungesüßte Kokosmilch (Dose) |
250 ml Kokoswasser oder Wasser

Für 2 Portionen à ca. 300 ml |
Zubereitung: 10 Min.
Pro Portion: ca. 4 g EW, 15 g F, 12 g KH

1 Das Avocadofruchtfleisch samt Stein aus der
Schale heben und in den Mixer geben. Frühlingszwiebeln waschen, putzen und klein
schneiden. Limette heiß waschen. Diese Zutaten
und die Erbsen in den Mixer geben.
2 Paksoi waschen, längs vierteln und grob zerteilen. Koriandergrün abbrausen, abtropfen lassen und klein schneiden. Grüne Blätter, Wasabi,
Salz und Kokosmilch in den Mixer geben.
3 Das Kokoswasser oder Wasser dazugießen.
Kurz auf kleiner Stufe starten, dann alles auf
höchster Stufe cremig pürieren.

APFEL-WIRSING-GREENIE

1 Apfel | ¼ Biozitrone | 2 frische Datteln
(ersatzweise getrocknete Datteln) | 6 getrock-
nete Gojibeeren | 1 bis 2 Wirsingblätter (50 g) |
50 g Feldsalat | 2 TL Walnuss- oder Hanföl |
2 EL Eiweißpulver (nach Belieben)

Für 2 Portionen à ca. 300 ml |
Zubereitung: 10 Min.
Pro Portion: ca. 10 g EW, 6 g F, 13 g KH

1 Den Apfel waschen und achteln, Kerngehäuse belassen, Stiel und Blütenansatz entfernen.
Das Zitronenviertel heiß waschen. Die Datteln
entsteinen und klein schneiden. Apfel, Zitrone,
Datteln und Gojibeeren in den Mixer geben.
2 Den Wirsing waschen, abtropfen lassen, grob
hacken. Feldsalat abbrausen und verlesen. Beides in den Mixer geben. Walnuss- oder Hanföl
und Eiweißpulver (nach Belieben) zufügen.
3 200 ml Wasser angießen. Den Mixer kurz auf
kleiner Stufe starten, dann alles auf höchster
Stufe cremig pürieren.

INFO

BIG FIVE FÜRS IMMUNSYSTEM

1. Obst und Gemüse: Ananas, Apfel, Aprikose, Avocado, Beeren, Birne, Kiwi, Mango, Papaya, Weintrauben, Zitrusfrüchte;
Brokkoli, Erbsen, Frühlingszwiebel, Gurke, Kohlgemüse, Paprikaschote, Rote
Bete, Staudensellerie, Tomate, Zucchini,
fermentiertes Gemüse
2. Grüne Blätter: Chicorée, Chinakohl,
Feldsalat, Grünkohl, Mangold, Paksoi,
Pflücksalat, Romanasalat, Rucola, Spinat; Basilikum, Giersch, Koriandergrün,
Salbei, Minze, Thymian, Oregano, Petersilie, Rosmarin, Zitronenmelisse; Algen
3. Süß-Stoff: Agavendicksaft, Akazienhonig, Banane, Chufas, Datteln, Honig,
Kokosblütenzucker, Nussmus, Stevia

4. Mixsprit: Mandeldrink, Nussmilch,
Sojamilch, Buttermilch, Fermentiertes
(Brottrunk, Sauerkrautsaft, Kefir, Kom-
bucha, Natur- und Lupinenjoghurt,
Schwedenmilch), Seidentofu, Kokoswas-
ser, grüner, schwarzer und Matetee
5. Superfood: Eier, Ingwer, Vanille,
Kokosnuss, Mandeln, Nüsse, Acai- und
Gojibeeren, Chiasamen, Leinsamen,
Leinöl, Arganöl, Walnussöl, Mandelöl,
Olivenöl, Hanfsamen, Hefeflocken,
Tamarinde, Sonnenblumenkerne, Kakao,
Pinienkerne, Kreuzkümmel, schwarzer
Pfeffer, Wasabi, Zimt, Kurkuma, Kokos-
milch, grüne Peperoni, Knoblauch,
Blütenblätter

FRUCHTIGER GRÜNTEE-DRINK

2 TL grüner Tee | 1 Stück Ananas (120 g) |
2 Tomaten | ½ Biolimette | 100 g Man-
goldgrün | 4 Minzeblätter | 1 EL Kokosöl |
2 TL Agavendicksaft

Für 2 Portionen à ca. 300 ml | Zubereitung:
15 Min. (plus mind. 2 Std. zum Abkühlen)
Pro Portion: ca. 2 g EW, 5 g F, 15 g KH

1 Mit 300 ml heißem Wasser einen grünen Tee
zubereiten und abkühlen lassen.

2 Ananas schälen und würfeln. Tomaten waschen und klein schneiden. Limette heiß waschen. All diese Zutaten in den Mixer geben.

3 Das Mangoldgrün und die Minzeblätter abbrausen und klein schneiden. Beides mit Kokosöl und Agavendicksaft in den Mixer geben.

4 Den grünen Tee zufügen. Kurz auf kleiner
Stufe starten, anschließend alles auf höchster
Stufe cremig-fein pürieren.

DER SPRIT IST VARIABEL

Den grünen Tee können Sie nach Wunsch
auch ersetzen, beispielsweise durch Kokoswasser oder durch Kombucha.

NoCarb

GAZPACHO-SMOOTHIE

½ Bio-Salatgurke (200 g) | 1 kleine hellgrüne Spitzpaprikaschote | 1 Stange Staudensellerie mit Blättern | ¼ Biozitrone | ½ grüne Peperoni | 1 kleine Knoblauchzehe (nach Belieben) | ½ Bund Petersilie | 4 Stiele Basilikum | 1 EL Olivenöl | Meersalz | schwarzer Pfeffer | 2 EL Eiweißpulver (nach Belieben) | 10 Eiswürfel (ca. 100 g)

Für 2 Portionen à ca. 300 ml |
Zubereitung: 10 Min.
Pro Portion: ca. 10 g EW, 5 g F, 8 g KH

1 Die Gurke waschen und grob würfeln. Vom Spitzpaprika den Stielansatz entfernen, Paprika und Sellerie waschen und klein schneiden. Die Zitrone heiß waschen. Peperoni waschen, den Stiel entfernen, Schote samt Kernen in Ringe schneiden. Die Knoblauchzehe abziehen und grob hacken. Diese Zutaten in den Mixer geben.

2 Petersilie und Basilikum abbrausen, abtropfen lassen und klein schneiden. Zusammen mit Olivenöl, Salz, Pfeffer und Eiweißpulver (nach Belieben) in den Mixer geben.

3 100 ml Wasser angießen. Den Mixer kurz auf kleiner Stufe starten, dann alles auf höchster Stufe cremig pürieren. Zum Schluss die Eiswürfel zufügen und erneut kurz und kräftig mixen, bis das Eis zerkleinert ist.

KÜHLER SUPPENGENUSS

In Andalusien wird der Gemüsemix hauptsächlich aus rotem Gemüse zubereitet und als kalte Suppe an heißen Tagen serviert. Aber auch der grüne Gazpacho ist Löffel für Löffel herrlich erfrischend. Dazu brauchen Sie noch 100 ml Wasser oder Gemüsebrühe, die Sie unter den Smoothie rühren.

BLITZMIXEN FÜRS IMMUNSYSTEM

Fünf besonders fixe Rezepte, die Sie über das Immunsystem schlank machen.

NoCarb

BIRNE-CHICORÉE-DRINK

1 reife Birne und 1 Chicorée klein schneiden, mit
¼ Biozitrone, 100 g Feldsalat, 4 Walnusskernen
und 300 ml Wasser im Mixer cremig pürieren.

GURKEN-GIERSCH-ELIXIER

1 Minigurke grob teilen, mit ½ geschälten
Avocado, 60 g Giersch, 2 TL Agavendicksaft,
1 EL Hefeflocken, 100 ml Wasser und
200 ml Schwedenmilch im Mixer fein pürieren.

NoCarb

GRÜNKOHL-MANGO-MIX

100 g Mango schälen und würfeln, mit
100 g jungem Grünkohl (z. B. Picco-Kale),
½ Biolimette, 100 g Seidentofu, 1 EL Kokosöl
und 200 ml abgekühltem grünem Tee mixen.

KIWI-MELISSE-SMOOTHIE

1 geschälte Kiwi und 1 Apfel klein schneiden.
Mit 15 g Zitronenmelisse-Blättern, 1 EL Mandelmus, 1 TL gemahlener Vanille, 100 ml Kokosmilch, 2 EL Eiweißpulver und 200 ml Wasser im
Mixer fein-cremig pürieren.

HEIDELBEER-MINZE-LASSI

125 g Heidelbeeren, 3 entsteinte Zwetschgen,
4 Minzeblätter, 2 TL flüssigen Akazienhonig,
1 EL Chiasamen-Gel und 250 g Lupinenjoghurt
im Mixer fein-cremig pürieren.

SMOOTHIES FÜR DEN DARM

Von dünnen Mäuschen kann man lernen: Eine gute Darmbesiedlung hält schlank. Das kriegt man wunderbar hin mit Fatburner-Smoothies. Vor allem, wenn da Fermentiertes drinsteckt: Sauerkraut, Schwedenmilch, Kwass … Probieren Sie's aus. Sie mixen wie immer die doppelte Portion, genießen ein Glas gleich und heben das andere für später auf. Oder Sie machen jemand anderen damit GLYXlich. In der Regel macht die Smoothieportion in der angegebenen Menge schon satt. Aber manchmal hat man halt Riesenhunger auf zwei – oder der Körper braucht mehr Eiweiß. Wenn Sie einer der Smoothies nicht richtig satt machen sollte, können Sie auch selbstständig mehr Eiweiß druntermixen. In Form eines Milchproduktes, eines veganen Lieferanten wie Lupinenjoghurt oder zweier Esslöffel Eiweißpulver. Das mögen auch die Darmbakterien.

ROTKOHL-FEIGEN-COCKTAIL

2 bis 3 blaue Feigen (100 g) | ½ Banane |
2 EL getrocknete Aroniabeeren oder Cran-
berrys | 1 EL Himbeeressig | 2 zarte Rotkohl-
blätter (100 g) | 1 TL flüssiger Akazienhonig |
2 TL Walnuss- oder Hanföl | 150 g Naturjoghurt

Für 2 Portionen à ca. 300 ml |
Zubereitung: 10 Min.
Pro Portion: ca. 4 g EW, 11 g F, 29 g KH

1 Die Feigen waschen und achteln. Banane
schälen und in Scheiben schneiden. Zusammen
mit Aroniabeeren oder Cranberrys und dem
Himbeeressig in den Mixer geben.
2 Die Rotkohlblätter waschen, abtropfen lassen
und klein schneiden. Rotkohl, Honig, Walnuss-
oder Hanföl zu den Früchten geben.
3 Den Joghurt und 150 ml Wasser zufügen. Den
Mixer kurz auf kleiner Stufe starten, dann alles
auf höchster Stufe cremig pürieren.

LIEBER KLASSISCH GRÜN?

Dann nehmen Sie für den Smoothie statt der
blauen Feigen grüne und ersetzen den roten
durch weißen oder spitzen Kohl.

CLEMENTINEN-FENCHEL-MIX

1 Clementine (150 g; alternativ 1 Apfel) |
1 kleiner Fenchel mit Grün (100 g) |
¼ Biozitrone | 50 g TK-Erbsen | 2 TL flüssiger
Akazienhonig | 1 EL Haselnussmus |
200 ml Kefir oder Brottrunk

Für 2 Portionen à ca. 300 ml |
Zubereitung: 10 Min.
Pro Portion: ca. 3 g EW, 5 g F, 18 g KH

1 Die Clementine schälen und in Spalten teilen.
Die dicken Stiele vom Fenchel entfernen, Fen-
chel waschen und würfeln, das Grün grob hacken. Die Zitrone heiß waschen. Diese Zutaten
mit den gefrorenen Erbsen in den Mixer geben.
2 Den Honig, das Haselnussmus und
100 ml Wasser dazugeben. Den Mixer kurz auf
kleiner Stufe starten, dann alles auf höchster
Stufe cremig pürieren.
3 Kefir oder Brottrunk zufügen und nochmals
alles kurz und kräftig mixen.

ZITRONENGRAS-PFIRSICH-SHAKE

1 Stück Ingwer (10 g) | 1 Stange Zitronengras | 1 sehr frisches Bioei | 1 TL flüssiger Akazienhonig | 1 Bergpfirsich oder 1 Nektarine | ¼ Biozitrone | 70 g junge Blätter (z. B. roter Mangold, Rucola, Spinat) | 1 EL Cashewkerne | 150 g Naturjoghurt

Für 2 Portionen à ca. 200 ml | Zubereitung: 20 Min. (plus 2 Std. zum Abkühlen)
Pro Portion: ca. 9 g EW, 9 g F, 17 g KH

1 Am Vortag Ingwer schälen und in Scheiben schneiden. Zitronengras bis auf ca. 12 cm kürzen und mit einem Stieltopf flach klopfen. Mit dem Ingwer und 125 ml Wasser aufkochen, 15 Minuten ziehen lassen, dann den Tee durch ein Sieb abgießen und abkühlen lassen.
2 Am nächsten Tag das Ei aufschlagen, mit dem Honig in den Mixer geben und kurz verschlagen. Pfirsich oder Nektarine waschen, halbieren, entsteinen und das Fruchtfleisch klein schneiden. Die Zitrone heiß waschen. Die jungen Blätter abbrausen, abtropfen lassen und verlesen. Alle Zutaten zusammen mit den Cashewkernen in den Mixer geben.
3 Ingwer-Zitronengras-Tee zufügen. Den Mixer erst auf kleiner Stufe starten, dann alles auf höchster Stufe cremig pürieren. Joghurt dazugeben und das Ganze erneut kurz durchmixen.

NoCarb
FLOTTER BASIC-SMOOTHIE

1 Minigurke | 2 Tomaten | 2 Frühlingszwiebeln | ¼ Biozitrone | 1 Handvoll Baby-Spinat (50 g) | 3 Stiele Petersilie | 2 EL Eiweißpulver (nach Belieben) | 2 TL Walnuss- oder Hanföl | 1 Prise Meersalz | 2 bis 3 Spritzer Tabasco

Für 2 Portionen à ca. 300 ml |
Zubereitung: 5 Min.
Pro Portion: ca. 10 g EW, 6 g F, 5 g KH

1 Gurke, Tomaten und Frühlingszwiebeln waschen und in Stücke schneiden. Die Zitrone heiß waschen. Diese Zutaten in den Mixer füllen.
2 Spinat und Petersilie abbrausen, abtropfen lassen und klein schneiden. Zusammen mit dem Eiweißpulver (nach Belieben), Öl, Salz und Tabasco in den Mixer geben. 250 ml Wasser zufügen. Kurz auf kleiner Stufe starten, dann alles auf höchster Stufe cremig pürieren.

AUCH ALS SUPPE KÖSTLICH

Wer einen Smoothie lieber löffelt als trinkt, kann ihn als Kaltschale servieren. Dazu einfach etwas mehr Wasser (50 bis 100 ml) unterrühren, bis die Suppe die gewünschte Konsistenz hat. Nach Belieben können Sie das Ganze lauwarm erhitzen. Keinesfalls aufkochen lassen, sonst gehen die wertvollen Inhaltsstoffe verloren.

GURKEN-KUMQUAT-MIX

100 g Kumquats oder Physalis | 2 Minigurken (200 g) | 1 EL Apfelessig | 2 bis 3 Blätter Chinakohl (100 g) | 3 Stiele Petersilie | 2 TL Agavendicksaft | 1 TL Kurkuma | 2 TL Leinöl | 250 ml Buttermilch

Für 2 Portionen à ca. 300 ml |
Zubereitung: 10 Min.
Pro Portion: ca. 6 g EW, 6 g F, 20 g KH

1 Die Kumquats waschen und halbieren oder die Physalis aus der Hülle lösen und waschen. Die Gurken waschen und würfeln. Beide Zutaten mit dem Essig in den Mixer geben.

2 Den Chinakohl waschen, putzen und klein schneiden. Die Petersilie abbrausen und grob hacken. Die grünen Blätter, Agavendicksaft, Kurkuma und Leinöl mit in den Mixer geben.

3 Die Buttermilch dazugießen. Den Mixer auf kleiner Stufe starten, den Smoothie dann auf höchster Stufe cremig pürieren.

NoCarb

TOPINAMBUR-KRÄUTER-SMOOTHIE

2 Knollen Topinambur (100 g) | ½ Bund Peter-silie | je 3 Stiele Minze und Thymian | 1 Stiel Ysop | ½ Biolimette | 1 Prise Meersalz | 2 Msp. Nelkenpulver | 1 TL Akazienhonig | 2 TL Leinöl | 200 ml Schwedenmilch | 4 Eiswürfel

Für 2 Portionen à ca. 250 ml |
Zubereitung: 10 Min.
Pro Portion: ca. 5 g EW, 9 g F, 10 g KH

1 Den Topinambur gründlich waschen und klein schneiden. Die Kräuter abbrausen, abtrop-fen lassen und die Blättchen grob hacken. Die Limette heiß waschen und grob zerteilen. All diese Zutaten in den Mixer geben. Salz, Nelken-pulver, Honig und Leinöl zufügen.

2 Die Schwedenmilch angießen. Den Mixer erst auf kleiner Stufe starten, dann alles auf höchster Stufe cremig pürieren. Die Eiswürfel und ca. 200 ml Wasser dazugießen und nochmals alles kurz und kräftig mixen.

SOMMERALTERNATIVE

Wenn es keine Topinambur gibt – die Saison dauert von Dezember bis Ende März –, kön-nen Sie die Knöllchen durch Kohlrabistücke oder Blumenkohlröschen ersetzen.

ROTER AVOCADO-INGWER-LASSI

½ reife Avocado | 1 Stück Rote Bete (80 g) |
1 Stück Ingwer (15 g) | ¼ Biozitrone | 80 g Feld-salat | 2 TL flüssiger Akazienhonig |
2 TL Weizengraspulver | 150 g Naturjoghurt

Für 2 Portionen à 300 ml |
Zubereitung: 10 Min.
Pro Portion: ca. 6 g EW, 15 g F, 14 g KH

1 Die Avocado aus der Schale lösen und mit-samt dem Kern in den (leistungsstarken) Mixer geben. Die Rote Bete und den Ingwer schälen und klein würfeln. Die Zitrone heiß waschen. Ebenfalls in den Mixer geben.

2 Den Feldsalat gründlich waschen, abtropfen lassen und verlesen. Mit dem Honig und dem Weizengraspulver zum Gemüse geben.

3 100 ml Wasser angießen. Den Mixer erst auf kleiner Stufe starten, dann alles auf höchster Stufe cremig-fein pürieren. Den Joghurt einfüllen und erneut kurz und kräftig mixen.

INFO

BIG FIVE FÜR DEN DARM

1. Obst und Gemüse: Apfel, Ananas, Avocado, Banane, Clementine, Feige, Heidelbeere, Johannisbeere, Kumquat, Limette, Nektarine, Papaya, Pfirsich, Phy-salis, Zitrone; Brokkoli, TK-Erbsen, Fen-chel, Frühlingszwiebel, Gurke, Rote Bete, Staudensellerie, Tomate, Topinambur; Sauerkraut, fermentiertes Gemüse

2. Grüne und rote Blätter: junge Blätter von Rucola, rotem Mangold und Spinat, Feldsalat, Pflücksalat, blättrige Kohlsor-ten, Chicorée, Chinakohl, Rotkohl, Portu-lak; Löwenzahn, Minze, Oregano, Peter-silie, Thymian, Ysop; Algen

3. Süß-Stoff: Honig, Chufas (Erdman-deln), Bananen, Feigen, Datteln

4. Mixsprit: alles Fermentierte wie Sauer-krautsaft, Brottrunk, Schwedenmilch, Kefir, Joghurt, Kombucha, Buttermilch; auch Mandeldrink

5. Superfood: Eier, Ingwer, Kurkuma, Nel-ken, Zimt, Mandeln, Cashewnüsse, Ko-kosnuss, Sesam, Walnüsse, Chiasamen, Kümmel, Leinsamen, Essig (zum Beispiel Himbeeressig oder ein guter Apfelessig), Weizengrassaft, getrocknete Super-food-Beeren (zum Beispiel Aroniabeeren oder Cranberrys), Walnussöl, Hanföl

APFEL-SAUERKRAUT-MIX

1 säuerlicher Apfel (z. B. Boskoop) | 1 Berg-pfirsich (80 g) | 200 g mildes Sauerkraut | 1 TL flüssiger Akazienhonig | 2 EL Walnuss-kerne | ¼ TL Kümmel | 150 ml Sauerkrautsaft

Für 2 Portionen à ca. 350 ml |
Zubereitung: 10 Min.
Pro Portion: ca. 4 g EW, 5 g F, 15 g KH

1 Den Apfel waschen, achteln, Stiel- und Blü-tenansatz entfernen, Kerngehäuse belassen. Den Bergpfirsich waschen, halbieren, entsteinen und klein schneiden. Die beiden Früchte mit dem Sauerkraut, dem Honig, den Walnüssen und dem Kümmel in den Mixer geben.
2 Den Sauerkrautsaft und 50 ml Wasser angie-ßen. Den Mixer erst auf kleiner Stufe starten, dann auf höchster Stufe so lange mixen, bis sich das Sauerkraut aufgelöst hat.

AUCH FEIN UND FRUCHTIG

Probieren Sie diesen Smoothie mal in einer weiteren köstlichen Variation: Ersetzen Sie den Apfel einfach durch eine Birne oder zwei frische Feigen.

BLITZMIXEN FÜR DEN DARM

So schnell wie lecker. Und immer förderlich für die guten Darmbakterien.

GURKEN-MINZE-FLIP

½ Bio-Salatgurke würfeln, mit 80 g TK-Heidel-
beeren, ¼ Biozitrone, 15 g Minzeblättern,
2 ganz frischen Bioeiern (Größe M) und
300 ml Kombucha im Mixer cremig pürieren.

ANANAS-LÖWENZAHN-MIX

100 g Ananasfleisch, 10 g Ingwer und ¼ Biozitrone klein schneiden. Mit 100 g Löwenzahn,
2 EL Chiasamen-Gel, 200 ml Sauerkrautsaft und
100 ml Wasser im Mixer cremig pürieren.

NoCarb

JOHANNISBEER-INGWER-SMOOTHIE

100 g Rote Johannisbeeren, 10 g klein gewürfel-
ten Ingwer, ½ TL Zimtpulver, 50 g gemischten
Pflücksalat und 300 ml Mandeldrink mixen.

APFEL-SANDDORN-LASSI

2 säuerliche Äpfel (z. B. Boskoop) und ½ Banane würfeln. Mit 2 EL Sanddornvollfrucht (mit Honig, aus dem Reformhaus), 1 EL Haselnuss- oder
Mandelmus und 300 ml Buttermilch fein mixen.

PORTULAK-FEIGEN-DRINK

100 g Feigen, 1 Stange Staudensellerie mit Grün
und 1 Minigurke klein schneiden. Mit ¼ Biozitrone, 100 g Portulak, 1 EL Leinsamenschrot
und 300 ml Kefir mixen.

SMOOTHIES FÜR DIE
SATT-HORMONE

Sie hatten am Abend zuvor ein Sieben-Gänge-Menü oder irgendein Fastfood? Dann starten Sie den Tag ruhig mal mit einem NoCarb-Smoothie. Ebenso wenn Stress an Ihren Nerven zehrt, passt dieser Smoothietyp gut in Ihr Leben. Auch tagsüber. Auch im Büro als Snack. Für eine komplette Leptinreset-Woche ▸ **siehe ab Seite 64** bauen Sie morgens oder abends einen NoCarb-Smoothie ein. Das ist nämlich das Besondere an den folgenden Rezepten: Sie liefern nicht mehr als 10 Carbs pro Glas – und sind damit NoCarb. Ein Turbo für die Fettverbrennung. Den man ab und zu mal setzen darf. Auch hier gilt wie gehabt: Sie mixen die angegebene, doppelte Portion. Die Hälfte in ein Glas gießen und frisch genießen. Den Rest in den Kühlschrank. Wer den Smoothie kalt nicht verträgt, sollte ihn 30 Minuten vor dem Genuss herausnehmen.

NoCarb

PFLAUMEN-ZIMT-SMOOTHIE

2 bis 3 blaue Pflaumen (100 g) | ½ reife Avocado | ¼ Biozitrone | 60 g junge Salatblätter (z. B. roter Mangold, Rucola, Spinat, Rote-Bete-Blätter) | 4 Minzeblätter | ½ TL Zimtpulver | 2 TL Walnussöl | 200 ml Kefir | Stevia (nach Belieben)

Für 2 Portionen à ca. 300 ml | Zubereitung: 10 Min.
Pro Portion: ca. 5 g EW, 20 g F, 10 g KH

1 Die Pflaumen waschen, halbieren, entsteinen, die Hälften in Spalten schneiden. Die Avocado aus der Schale lösen. Die Zitrone heiß waschen. Alle Früchte in den Mixer füllen.
2 Die Salatblätter und die Minze waschen, abtropfen lassen und verlesen. Zusammen mit Zimtpulver, Walnussöl, Kefir und 200 ml Wasser in den Mixer geben. Das Gerät kurz auf kleiner Stufe starten, dann alles auf höchster Stufe cremig pürieren. Nach Belieben etwas Stevia zufügen und erneut kurz mixen.

NoCarb

HIMBEER-MANDEL-LASSI

150 g Himbeeren (frisch oder TK) | ¼ Biolimette | 2 EL Mandelmus | 1 Stück Vanilleschote (ca. 1 cm) | 250 ml Schwedenmilch (alternativ Joghurt, Buttermilch oder Kefir) | Stevia (nach Belieben)

Für 2 Portionen à ca. 250 ml | Zubereitung: 5 Min.
Pro Portion: ca. 8 g EW, 14 g F, 10 g KH

1 Die frischen Himbeeren kurz abbrausen und verlesen, tiefgekühlte Beeren aus der Packung nehmen. Die Limette heiß waschen. Beide Zutaten mit dem Mandelmus und der Vanilleschote in den Mixer geben.
2 100 ml Wasser zufügen. Den Mixer erst auf kleiner Stufe starten, dann alles auf höchster Stufe cremig pürieren. So lange, bis sich auch die kleinen Kerne der Himbeeren vollständig aufgelöst haben. Dann Schwedenmilch und Stevia (nach Belieben) in den Mixer geben und erneut kurz und kräftig mixen.

VEGANTIPP

Bei beiden Rezepten können Sie das Milchprodukt durch ungesüßten Mandeldrink ersetzen. Da er aber im Vergleich zu Kuhmilch sehr viel weniger Eiweiß zu bieten hat, sollten Sie dann 2 EL Eiweißpulver zugeben.

NoCarb

TOMATEN-DICKMILCH CON CHILI

3 Tomaten (200 g) | 2 schlanke Frühlings-
zwiebeln | 1 kleine rote Chilischote |
1 Stängel Oregano | 1 Handvoll Basilikum-
blätter (30 g) | 1 Prise Meersalz | 1 EL Olivenöl |
200 g Dickmilch

Für 2 Portionen à ca. 300 ml |
Zubereitung: 10 Min.
Pro Portion: ca. 5 g EW, 8 g F, 8 g KH

1 Tomaten und Frühlingszwiebeln waschen,
putzen und klein schneiden. Die Chilischote waschen, vom Stiel befreien und hacken. Alle drei
Zutaten in den Mixer füllen.

2 Den Oregano abbrausen, die Blättchen ab-
streifen. Basilikum waschen, abtropfen lassen
und klein schneiden. Die Kräuter zusammen mit
Salz, Olivenöl und 50 ml Wasser in den Mixer
geben. Kurz auf kleiner Stufe starten, dann alles
auf höchster Stufe cremig pürieren. Die Dickmilch dazugeben und erneut kurz mixen.

SUPPENFANS AUFGEPASST!

Sie können bis zu 100 ml mehr Wasser in den
Smoothie geben, salzen und pfeffern, nach
Belieben erhitzen, aber nicht aufkochen. In
einen tiefen Teller füllen und mit Basilikum
bestreut servieren. Veganer tauschen die
Dickmilch je zur Hälfte gegen Sauerkrautsaft
und Seidentofu oder Sojajoghurt.

NoCarb

APFEL-NUSS-CREAMY

1 Apfel | 1 Stück Kohlrabi (50 g) | ¼ Biozitrone |
2 große Kohlrabiblätter (20 g) | 4 bis 6 Blätter
Kopfsalat (80 g) | 1 EL Haselnuss- oder Man-
delmus | 2 EL Eiweißpulver (nach Belieben) |
Stevia (nach Belieben)

Für 2 Portionen à ca. 300 ml |
Zubereitung: 10 Min.
Pro Portion: ca. 10 g EW, 5 g F, 9 g KH

1 Den Apfel waschen, Stiel und Blütenansatz
entfernen, Kerngehäuse belassen. Apfel achteln.
Den Kohlrabi schälen und klein schneiden. Die
Zitrone heiß waschen. Die vorbereiteten Zutaten
in den Mixer füllen.

2 Die Kohlrabi- und Salatblätter waschen, abtropfen lassen und klein schneiden. Die grünen
Zutaten zusammen mit dem Nuss- oder Mandelmus und nach Belieben dem Eiweißpulver in
den Mixer geben. 250 ml Wasser zufügen. Kurz
auf kleiner Stufe starten, dann alles auf höchster
Stufe cremig pürieren. Nach Belieben mit Stevia
süßen und erneut kurz mixen.

SAISONALE ALTERNATIVEN

Den Kohlrabi können Sie auch durch Topinambur ersetzen. Der hat von Oktober bis
März Saison. Und noch eine Variante: Mit
naturbelassenem Kokoswasser statt Wasser
bringen Sie eine erfrischende, leicht nussige
Note ins grüne Mixspiel. Am besten gut
gekühlt verwenden.

NoCarb

SPARGEL-ERDBEER-TRAUM

3 bis 4 Stangen grüner Spargel (100 g) |
80 g Erdbeeren (alternativ TK-Erdbeeren) |
1 EL Apfelessig | Blätter von 1 Bund Radies-
chen (30 g) | 1 Handvoll Basilikumblätter
(30 g) | 2 EL Eiweißpulver (nach Belieben) |
1 EL Kokosöl | 250 ml Kokoswasser
oder Wasser

Für 2 Portionen à ca. 250 ml |
Zubereitung: 5 Min.
Pro Portion: ca. 10 g EW, 2 g F, 10 g KH

1 Den Spargel waschen, von den Endstücken
befreien und in Stücke schneiden. Die Erdbeeren waschen, putzen und halbieren. Mit dem
Spargel und dem Essig in den Mixer geben.
2 Die Radieschen- und die Basilikumblätter
waschen, abtropfen lassen und klein schneiden.
Beides zusammen mit dem Eiweißpulver (nach
Belieben) und dem Kokosöl in den Mixer geben.
Kokoswasser oder Wasser zufügen. Den Mixer
auf kleiner Stufe starten, dann alles auf höchster
Stufe cremig-fein pürieren.

WÜRZIGE VARIANTE

Greifen Sie zu, wenn Sie beim Gemüsehändler Brunnenkresse entdecken! Die herrlich
würzige Wasserkresse verleiht dem Smoothie anstelle der Radieschen- und Basilikumblätter eine leicht pfeffrige Schärfe.

NoCarb

GRAPEFRUIT-CHIA-WUNDER

½ rosa Grapefruit | 2 bis 3 Brokkoliröschen (50 g) | 2 EL Chiasamen-Gel | 2 EL Haselnuss- oder Cashewkernmus | 1 Handvoll Baby-Spinat (50 g) | 1 Handvoll Rucola (30 g) | 2 EL Eiweißpulver (nach Belieben)

Für 2 Portionen à ca. 300 ml |
Zubereitung: 15 Min.
Pro Portion: ca. 15 g EW, 15 g F, 8 g KH

1 Die Grapefruit schälen und in Stücke schneiden. Die Brokkoliröschen waschen und klein schneiden. Beide Zutaten mit dem Chiagel und dem Nussmus in den Mixer geben.

2 Spinat und Rucola waschen, abtropfen lassen und klein schneiden. Die grünen Blätter und das Eiweißpulver (nach Belieben) in den Mixer geben. 100 ml Wasser zufügen. Den Mixer kurz auf kleiner Stufe starten, dann alles auf höchster Stufe fein-cremig pürieren.

INFO

BIG FIVE FÜR DIE SATT-HORMONE

1. Obst und Gemüse: Avocado, Apfel, Cranberrys, Erdbeere, Grapefruit, Himbeere, Limette, Mango, Melone, Papaya, Pfirsich, Pflaumen, Quitten, Traube, Zitrone; Artischocke, Brokkoli, Frühlingszwiebel, Gurke, Kohlrabi, Kürbis, Radieschen, Rosenkohl, Spinat, Spitzkohl, grüner Spargel, Tomate; fermentiertes Gemüse

2. Grüne Blätter: Endivien, Kopfsalat, Rosenkohl, Radicchio, Rucola, roter Mangold, Baby-Spinat und Chicorée, Chinakohl, Grünkohl, Radieschenblätter, Kohlrabiblätter, Wild- und Küchenkräuter

3. Süß-Stoff: Akazienhonig, Agavendicksaft, Birkenzucker, Kokosblütenzucker, Chufas

4. Mixsprit: Nussmilch, Mandeldrink, Sojamilch, Buttermilch, Fermentiertes (Brottrunk, Sauerkrautsaft, Kombucha, Kefir, Joghurt, Schwedenmilch, Dickmilch), Kokoswasser

5. Superfood: Nüsse, Kerne und Samen unterschiedlicher Sorten, Kokos (Nuss, Öl), Schwarzkümmel, Chiasamen, Sacha-Inchi-Samen, Tahin, Leinsamen oder Leinöl, Arganöl, Hanföl, Walnussöl, Olivenöl, sehr frische Bioeier, Hefeflocken, Chili, Kakao, Tamarinde, roter Pfeffer, Safran, Zimt, Kurkuma, Ingwer, Vanille, guter Obstessig (zum Beispiel Apfelessig oder Himbeeressig), Erbseneiweißpulver, Seidentofu

BLITZMIXEN FÜR DEN HORMON-SWITCH

Fünf Schnellrezepte auch hier. So haben die überzähligen Pfunde keine Chance.

NoCarb
SPITZKOHL-APFEL-DRINK

1 Apfel, 100 g Spitzkohlblätter, 4 Stiele Petersilie klein schneiden. Dann mit ½ TL Chiliflocken, 1 EL Olivenöl, 2 frischen Bioeiern und 250 ml Wasser im Mixer fein-cremig pürieren.

NoCarb
GURKEN-CRANBERRY-MIX

200 g Biogurke würfeln, mit 80 g TK-Cranberrys, 1 EL Kokosöl, 1 TL geriebener Bio-Orangen-schale, 2 EL Eiweißpulver und 200 ml Kokoswas-ser pürieren. Nach Belieben mit Stevia süßen.

NoCarb
KOHLRABI-SESAM-MIX

1 Apfel, 70 g Kohlrabi und 50 g Kohlrabiblätter klein schneiden. Mit ¼ Biozitrone, 1 EL Tahin, 2 EL Eiweißpulver und 200 ml ungesüßtem Mandeldrink glatt mixen.

NoCarb
RADIESCHEN-KRÄUTER-DRINK

100 g Radieschen, 4 Radieschenblätter und 60 g gemischte Kräuter (Petersilie, Kerbel, Kresse) klein schneiden. Mit 1 EL Apfelessig, 1 EL Sonnenblumenkernen und 300 ml Butter-milch fein-cremig pürieren.

NoCarb
ERDBEER-INGWER-LASSI

150 g TK-Erdbeeren, ½ Biolimette, 1 TL gewürfel-ter Ingwer, 2 TL Walnussöl, 200 g Naturjoghurt und 200 ml Wasser mixen.

Bücher, die weiterhelfen

Bücher aus dem GRÄFE UND UNZER VERLAG

Frey, H.
Clean Eating Basics. Der natürliche Weg für ein neues Lebensgefühl

Froböse, I.
Das Turbo-Stoffwechsel-Prinzip

Gerlach, H., / Bingemer, S.
Kochen mit Superfoods. Rezepte für Körper, Kopf und Seele

Grillparzer, M.
Die Erfolgsdiät Simple Glyx

Grillparzer, M. / Kittler, M.
Simple GLYX – das Kochbuch

Grillparzer, M., / Kittler, M.
GLYX. Schnelle Rezepte

Grillparzer, M.
GLYX-Kompass. Mit über 800 Lebensmitteln

Grillparzer, M.
Fatburner. So einfach schmilzt das Fett weg

Grillparzer, M.
Simple Detox. Das 7-Tage-Entgiftungsprogramm

Guth, C. / Hickisch, B.
Grüne Smoothies. Die super-gesunde Mini-Mahlzeit aus dem Mixer

Hickisch, B.
Green Power. Mit grünen Smoothies körperlich fit, emotional ausgeglichen, geistig klar

Kraske, E.-M.
Säure-Basen-Balance. Schlüssel zu mehr Wohlbefinden

Sandjon, Ch.
Rohkost für Einsteiger

Schäfer, C./ Ubrich, F.
Rezepte für einen gesunden Darm

Weitere Bücher von Marion Grillparzer

Fit und schlank mit dem Minitrampolin
Südwest

myBooks – Vegan doch mal!
mit Simone Weider, Südwest

Wie du mit dem Rauchen aufhörst: Gut gelaunt, stressfest – und die Lieblingsjeans passt auch noch!
Südwest

Bücher aus verschiedenen Verlagen

Béliveau, R. / Gingras, D.
Krebszellen mögen keine Himbeeren
Goldmann

Bode, T.
Die Essensfälscher. Was uns die Lebensmittelkonzerne auf die Teller lügen
Fischer Taschenbuch

Boroch, A.
The Candida cure – Yeast, Fungus & Your Health
Quintessential Healing

Davis, W.
Weizenwampe. Warum Weizen dick und krank macht
Goldmann

Döll, M.
Entzündungen – die heimlichen Killer
Herbig

Enders, G.
Darm mit Charme
Ullstein

Grimm, H.-U.
Die Ernährungsfalle. Wie die Lebensmittelindustrie unser Essen manipuliert
Heyne

Kasper, H.
Ernährungsmedizin und Diätetik
Urban & Fischer

Katz, S. E.
So einfach ist Fermentieren
Kopp

Pruimboom, L. / Reheis, D. / Rinderer, M.
Wirkkochbuch. Wirkung durch artgerechte Ernährung
Bucher

Storch, M. / Cantieni, B. / Hüther, G. / Tschacher, W.
Embodiment. Die Wechselwirkung zwischen Körper und Psyche verstehen und nutzen
Huber

Infos online

GLYX-Tipps
Kostenloser GLYX-Letter:
www.mariongrillparzer.de

Blog der Autorin, in dem sie schreibt, was ihr zum Thema Gesundheit durch den Kopf geht: www.xunt.de

News, Genuss-Tipps, Rezepte, aktuelle GLYX-Termine (Seminare, Ausbildung):
www.die-glyx-diaet.de
Auf facebook gibt es eine Seite der Autorin und eine GLYX-Diät-Gruppe.

Infos für Verbraucher
www.lebensmittelklarheit.de

www.foodwatch.de

GLYX-Datenbank auf Englisch:
www.glycemicindex.com

Slow-Food-Vereinigung für Genießer:
www.slowfood.de

Hilfe bei Essstörungen
www.bzga-essstoerungen.de

www.cinderella-rat-bei-ess-stoerungen.de

www.hungrig-online.de

Wissensportale
www.wissenschaft.de

www.eatsmarter.de

www.aerztezeitung.de

www.gesundheits-information.de

Unser Kochexperte
Christian Algner
www.goldenerberg.at

Ess-Service
Erbseneiweißpulver:
www.fidolino.com

Verband bäuerlicher Lieferbetriebe:
www.oekokiste.de

www.alte-obstsorten.de

Kräuter:
https://sachsenkraeuter.wordpress.com

www.natural-kefir-drinks.de

Dank der Autorin
Für die liebevolle Hilfe danke ich Martina Kittler, Carola Engler, Gitta Pabst – und all den lieben Experten, die mich unterstützt haben. Und natürlich meinem mich stets mit GLYX und Glück versorgenden Mann Wolf.

Sachregister

A

Aktivkohle 23, 45
Algen 23, 92
Allergie 16, 36, 37, 43
Arteriosklerose 16, 37

B

Bacteroidetes 11, 20, 44
Bauchfett 29 ff.
Bauchspeicheldrüse 50
Bewegung 16, 37
Big Five 61, 66 ff., 97, 104, 113, 120
Bindegewebe 31
Bio 67
Bioimpedanz-Analyse 17
Bitterstoffe 51
Blähbauch 44
Blätter, grüne 74
Bluthochdruck 37
Blutzellen 17
Blutzucker 10
Braunes Fettgewebe 33
Burnout 16, 37

C

Chlorophyll 11, 17
Cholesterin 25
Chronische Erschöpfung 16, 37

D

Darmbakterien 20, 42 ff., 46, 108 ff.
Depression 16, 37, 38, 49
Diabetes 16, 29, 31, 47

E

Ei 45
Eiweiß 14, 19, 25, 31, 32, 46, 62
Ekzem 44
Energie 10
Entgiftung 17
Entsäuerung 32
Entzündung 37, 38, 40 f., 49
Essig 26

F

Faszien 31
Fehlernährung 37
Fermentiertes 20, 42, 73
Fette 25, 32
Fettsäuren 18, 29, 30, 32, 38
Fettverbrennung 10, 12, 28, 32, 40, 48
Fibromyalgie 37
Firmicutes 20, 44
Fotosynthese 17
Freie Radikale 37, 38
Früchte 69 ff.
Frühstück 13

G

Gemüse 72 ff.
GLYX 10, 18 f., 25, 54
GLYX-Shot 14, 25, 26
Grundumsatz 31

H/I

Heißhunger 10, 28, 30, 48
Immunsystem 36 ff., 40 f., 100 ff.
Insulin 10, 11, 14, 25, 37, 49, 54

K

Kaffeeasche 45
Kalorien 10, 13, 25, 30
Kerne 71
Kohlenhydrate 9, 12, 14, 18 f., 27 f., 48
Konzentration 37, 44
Kräuter 23, 75 ff.

L

Leaky-gut-Syndrom 44
Leptin 18, 48 f., 54, 64, 116 ff.
Leptinreset-Woche 64
L-Glutamin 46, 92
Lubrikator, Weißer Smoothie 88

M

Magen 19
Mikrobiom 43
Mitochondrien 10, 16, 36
Müdigkeit 44

N

Nahrungsmittelunverträglichkeit 16, 44
Nitrosativer Stress 37
NoCarb 14, 19

O

Öl 26, 62, 87 f.
Omega-3-Fettsäuren 38 f., 55
Oxidativer Stress 37

P

Phytamine 17, 38
Präbiotika 46
Probiotika 46, 93

R

Rabbit Starvation 30 f.
Reizdarm 37
Rheuma 37, 44

S

Säuren 18, 29
Sättigung 13, 19
Salz 23
Serotonin 19
Sprit 82 f.
Stoffwechsel 8, 10, 32, 36
Stress 37 f., 49
Süßen 79 f.
Süßstoffe 30
Superfood 12, 20, 87 ff.

T

Thermogenese 18, 33
Trampolin 31
Tryptophan 19, 53
Turbomixer 60 f.

U

Übergewicht 16, 29, 31, 36,
    37, 43
Umweltgifte 37
UV-Licht 37

V/W

Vitalstoffe 13
Wildkräuter 52
Würzen 81

Z

Zellkraftwerke 16
Zucker 37

Rezeptregister

Alges Immunelixier 41
Ananas-Löwenzahn-Mix 115
Apfel-Chia-Drink 99
Apfel-Nuss-Creamy 118
Apfel-Rosmarin-Sorbet 77
Apfel-Sanddorn-Lassi 115
Apfel-Sauerkraut-Mix 114
Apfel-Wirsing-Greenie 104
Aprikosen-Matetee-Drink 102
Avocado-Ingwer-Lassi 113
Avocado-Wasabi-Smoothie
    103
Basic-Smoothie 110
Beeren-Chufas-Lassi 101
Beeren-Schoko-Smoothie 95
Birnen-Chicorée-Drink 107
Black-Berry-Shake 99
Brokkoli-Nuss-Ayran 102
Chai-Chili-Sorbet 77
Clementinen-Fenchel-Mix 109
Erdbeer-Ingwer-Lassi 121
Fatburner-Cocktail 15
Gazpacho-Smoothie 106
Gemüse-Oliven-Smoothie 98
GLYX-Shot 26
Granatapfel-Smoothie 95
Grapefruit-Chia-Wunder 120
Green-Coffee-Smoothie 97
Green-Mountain-Sorbet 77
Green-Peach-Sorbet 77
Grüner Smoothie 26
Grünkohl-Mango-Mix 107

Grüntee-Drink 105
Gurken-Cranberry-Mix 121
Gurken-Giersch-Elixier 107
Gurken-Kumquat-Mix 111
Gurken-Minze-Flip 115
Heidelbeer-Minze-Lassi 107
Himbeer-Mandel-Lassi 117
Immunsmoothie 41
Johannisbeer-Ingwer-Smoo-
    thie 115
Kiwi-Melisse-Smoothie 107
Kiwi-Moringa-Smoothie 99
Kohlrabi-Sesam-Mix 121
Magic-Black-Smoothie 47
Melonen-Gurken-Mix 99
Norddeutsches Sorbet 77
Orangen-Tee-Smoothie 99
Papaya-Kokos-Traum 96
Pflaumen-Zimt-Smoothie 117
Portulak-Feigen-Drink 115
Radieschen-Kräuter-Drink 121
Rotkohl-Feigen-Cocktail 109
Spargel-Erdbeer-Traum 119
Spitzkohl-Apfel-Smoothie 121
Tomaten-Dickmilch con Chili
    118
Topinambur-Kräuter-Smoothie
    112
Trauben-Spinat-Flip 101
Wildkräuter-Leptinreset-Drink
    55
Wildkräuter-Powermix 98
Zitronengras-Pfirsich-Shake
    110

Zu bestellen

Mit persönlicher Empfehlung von Marion Grillparzer:

Power-Mixer: Der Alleskönner ist in der Smoothieküche unverzichtbar! Mit sechs Automatikprogrammen zaubert er im Nu Nussmus, Pesto, cremige Smoothies, Eis, kalte Suppen und gefrorene Drinks. Mit 32 000 Umdrehungen pro Minute kriegt er neben Obst und Gemüse auch Nüsse, Linsen, sogar Eiswürfel und Avocadokerne klein. Die Zellwände werden aufgespalten und viele Nährstoffe so erst für den Körper verfügbar (ab 444 €).

Eiweißformel 7 plus: Für die Autorin entwickeltes Eiweißpulver (fast) ohne Kohlenhydrate mit hoher biologischer Wertigkeit und niedrigem GLYX, dem Fatburner L-Carnitin und Magnesiumcitrat für den Säure-Basen-Haushalt. Hilft, den täglichen Eiweißbedarf zu decken: 10 g Pulver liefern 8 g Eiweiß. Ohne Farb-, Süß- und synthetische Aromastoffe (560 g, 39 €). Gibt es jetzt auch vegan.

FasaSana: Multi-Ballaststoffe, kombiniert mit allen 8 B-Vitaminen, unterstützen die Verdauung, putzen den Darm, helfen dem Körper zu entgiften, stärken das Nervensystem, reduzieren Heißhungerattacken (275 g Pulver für eine 45-Tage-Kur, 49 €).

Fatburner-Trampolin: Den fröhlichsten Hometrainer der Welt gibt es für vier Gewichtsklassen von 30 bis 180 Kilogramm Körpergewicht (ab 193 €). Passend zum Fatburner-Training: Flexband, X-Co-Hanteln und Kompressionsleggins.

Soyabella: Mit diesem Edelstahl-Kochbehälter bereitet man seine vegane Nuss- oder Sojamilch kinderleicht selbst zu (149 €).

Lebenskraft Life Vital: Nie war es so einfach, gute Mikroorganismen für den Darm selbst herzustellen. Nach zwei Tagen Fermentation entstehen rund 40 Milliarden enzymaktive Mikroorganismen – für einen ausgewogenen Stoffwechsel und zur Unterstützung des Darms (39,95 €).

Auch im Sortiment: Amino4u, Analysewaage, Spirali, Basenbad, glyx-Mühle, Getreide-Flocker, Schrittzähler, Pulsuhr, Powerleggs, Flexi-Bar, Schwungmasse-Hanteln, All-you-can-eat-Schokolade, Bücher, E-Books ...

Individuelle Ernährungs-, Gesundheits- und Fitnessberatung: Das Expertenteam um Marion Grillparzer coacht Sie auf Ihrem persönlichen Weg in ein gesünderes, leichteres Leben. Immer am Puls der Zeit und mit einfachen Gesundheitsrezepten.

Bestellen und/oder informieren unter
www.fidolino.com
Telefon: (0049)/
(0)89/40268135
Fax: (0049)/(0)89/40268134
E-Mail: info@fidolino.com
Wir liefern zu Ihnen nach Hause.

Impressum

© 2016 GRÄFE UND UNZER VERLAG GmbH, München
Alle Rechte vorbehalten. Nachdruck, auch auszugsweise, sowie Verbreitung durch Bild, Funk, Fernsehen und Internet, durch fotomechanische Wiedergabe, Tonträger und Datenverarbeitungssysteme jeder Art nur mit schriftlicher Genehmigung des Verlages.

Projektleitung: Monika Rolle
Lektorat: Dr. Diane Zilliges
Bildredaktion: Henrike Schechter
Umschlaggestaltung und Layout: independent Medien-Design, Horst Moser, München
Herstellung: Petra Roth
Satz: Christopher Hammond
Reproduktion: Medienprinzen GmbH, München
Druck und Bindung: Schreckhase, Spangenberg

Printed in Germany

ISBN 978-3-8338-5180-3

2. Auflage 2016

Ein Unternehmen der
GANSKE VERLAGSGRUPPE

Bildnachweis

Rezeptfotografie:
Jörn Rynio, Hamburg
Weitere Bilder: dpa Picture Alliance: S. 30. F1online: S. 4 unten, 24, 42. Fotolia: Innenklappe hinten (Beeren), S. 88, 102. Hotel Goldener Berg/Christian Algner: S. 22. Getty: S. 8. Grillparzer: S. 126. GU: Umschlag hinten und S. 34 (Johannes Rodach), Innenklappe vorn (Kramp und Gölling), Klappe hinten und 4 oben (Marcel Weber), 5 (Mona Binner), 6 (Anna Hult), 60 (Jörn Rynio), 74 (Fotos mit Geschmack). iStock: Innenklappe hinten (Wasser, Chili), S. 51, 52, 69. Photo Cuisine: S. 85. Plainpicture: S. 48. Shutterstock: Klappe vorn, Innenklappe hinten (Kräuter), S. 20, 23, 32, 36, 40, 71, 77, 82, 91, 95, 101, 109, 117. Stockfood: S. 66, 78. Stocksy: Umschlag vorn (U1), 3, 12, 17, 56, 58.

Syndication:
www.seasons.agency/de-de/

Wichtiger Hinweis

Die Gedanken, Methoden und Anregungen in diesem Buch stellen die Meinung bzw. Erfahrung der Verfasserin dar. Sie wurden von ihr nach bestem Wissen erstellt und mit größtmöglicher Sorgfalt geprüft. Sie bieten jedoch keinen Ersatz für persönlichen kompetenten medizinischen Rat. Jede Leserin, jeder Leser ist für das eigene Tun und Lassen auch weiterhin selbst verantwortlich. Weder Autorin noch Verlag können für eventuelle Nachteile oder Schäden, die aus den im Buch gegebenen praktischen Hinweisen resultieren, eine Haftung übernehmen.

Liebe Leserin, lieber Leser,

haben wir Ihre Erwartungen erfüllt? Sind Sie mit diesem Buch zufrieden? Haben Sie weitere Fragen zu diesem Thema? Wir freuen uns auf Ihre Rückmeldung, auf Lob, Kritik und Anregungen, damit wir für Sie immer besser werden können.

GRÄFE UND UNZER Verlag
Leserservice
Postfach 86 03 13
81630 München
E-Mail:
leserservice@graefe-und-unzer.de

Telefon: 00800 / 72 37 33 33*
Telefax: 00800 / 50 12 05 44*
Mo–Do: 9.00 – 17.00 Uhr
Fr: 9.00 – 16.00 Uhr
(* gebührenfrei in D, A, CH)

Ihr GRÄFE UND UNZER Verlag
Der erste Ratgeberverlag – seit 1722.

Umwelthinweis

Dieses Buch wurde auf PEFC-zertifiziertem Papier aus nachhaltiger Waldwirtschaft gedruckt.

Die GU-Homepage finden Sie unter www.gu.de

www.facebook.com/gu.verlag

Mehr Energie, mehr Wohlbefinden!

ISBN 978-3-8338-3850-7

ISBN 978-3-8338-4413-3

ISBN 978-3-8338-3663-3

ISBN 978-3-8338-4036-4

ISBN 978-3-8338-4318-1

 Auch als eBook erhältlich.